DESPEGA MOS

AF278062

PORTUGUÉS

Nociones básicas para hacerse entender

Tien Tammada

LAROUSSE

Título original: โปรตุเกสทันใจพูดได้ด้วยปลายนิ้ว เทียร ธรรมดา
Autor: Tien Tammada

Edición tailandesa
© Leelaaphasa Co., Ltd.
63/120 Moo 8, Tambon Saothonghin, Bangyai District,
Nonthaburi 11140 Thailand
leelaaphasa2008@gmail.com
Todos los derechos reservados.

Edición alemana
© PONS Langenscheidt GmbH, Stuttgart (2020)
Traducción al alemán: Ta Tammadien y Hubert Möller
Corrección: Olalia Pereira Rodrigues y K. Patanant
Ilustración interior: K. Kiattisak y Purmpoon Khamnuanta
Maqueta: Wachana Leuwattananon y Vipoo Lerttasanawanish

Edición española
Dirección editorial: Jordi Induráin
Coordinación de la edición: Sofía Acebo
Corrección: Gemma Brunat
Adaptación de maqueta: El Taller del Llibre
Cubierta: Toni Cabré

© Núria Gasó Gómez, por la traducción
© Larousse Editorial, S.L., 2024
Bac de Roda, 64, edificio D, 1.ª planta
08019 Barcelona
clientes@grupoanaya.es • www.larousse.es

Primera edición: 2024
ISBN: 978-84-10124-51-6
DL: B-10065-2024
1E1I

PAPEL DE FIBRA
CERTIFICADO

Prólogo

Viajar a países extranjeros es divertido y fascinante. De hecho, cuando se pregunta a la gente qué le gusta hacer, viajar suele aparecer entre las primeras opciones.

Para viajar al extranjero, a menudo debemos enfrentarnos a otra lengua. Y, aunque muchas personas consideran que aprender un idioma es un quebradero de cabeza, la verdad es que adentrarse en una lengua nueva no es tan difícil. Además, nos abrirá un abanico de oportunidades.

Tanto si tu objetivo es pasar unas vacaciones maravillosas en Portugal, ligar con alguien de allí o darte cuenta de que esa misma persona está coqueteando contigo (¿será tu media naranja?), como si simplemente quieres comenzar a familiarizarte con el portugués desde cero, no esperes a dar el primer paso.

Deja las dudas atrás y ponte manos a la obra. ¡Ha llegado el momento de empezar a hablar portugués!

¡Despegamos!

Una vez tomada la decisión de aprender portugués, este libro te ayudará a dar el primer paso. Para arrancar no tienes por qué inscribirte en un curso de idiomas ni preocuparte por complejas normas gramaticales.

Cualquiera que haya aprendido alguna vez un idioma y haya llegado a dominarlo sabe que, al principio, lo más importante, lo más rápido y lo más fácil es lanzarse de cabeza. Lo demás va rodado. No es necesario que inviertas demasiado tiempo en prepararte. No le des más vueltas: ¡lánzate a la piscina!

Este libro te ayudará a conseguirlo gracias a ilustraciones, palabras y frases. Cuando durante un viaje te topes con los primeros obstáculos lingüísticos, consulta el capítulo correspondiente. Ahí encontrarás las frases y los términos básicos para comunicarte.

Si tu pronunciación aún no es perfecta, puedes señalar con el dedo la imagen o la frase de al lado y te harás entender de inmediato. Así de sencillo y así de rápido, porque este libro se titula:

Portugués. ¡Despegamos! Nociones básicas para hacerse entender

ÍNDICE

Frases de la vida cotidiana

Conversas diárias úteis

[kõˈvɛʁsɐʃ ˈdjarjɐz‿ˈutajʃ]

Saludo

Cumprimento

[kũpriˈmẽtu]

Bom dia!	Boa tarde!	Boa noite!	Olá!
[ˈbõ ˈdiɐ]	[ˈboɐ ˈtardi]	[ˈboɐ ˈnojti]	[ɔˈla]
¡Buenos días!	¡Buenas tardes!	¡Buenas noches!	¡Hola!

Como está? / Como estás?

['komu iʃ'ta / 'komu iʃ'taʃ]

¿Cómo está? / ¿Cómo estás?

Bem, obrigado/obrigada.

['bẽj ɔbri'gadu / ɔbri'gadɐ]

Estoy bien, gracias.

Sim. | Não.

['sĩ]

Sí.

['nɐ̃w̃]

No.

Obrigado. Obrigada.	Muito obrigado. Muito obrigada.	De nada.	Com prazer.
[ɔbriˈgadu] [ɔbriˈgadɐ]	[ˈmũĩt̮ɔbriˈgadu] [ˈmũĩt̮ɔbriˈgadɐ]	[dɨ ˈnadɐ]	[kõ prɐˈzer]
Gracias.	Muchas gracias.	De nada.	Con gusto.

O meu nome é...
[u 'mew 'nomi 'ɛ]

Me llamo...

Qual é o seu nome?
['kwał 'ɛ u 'sew 'nomi]

¿Cómo se llama usted?

Prazer em conhecê-lo.
[prɐ'zer ẽj kuɲi'selu]

Encantado. / Encantada.

Sou da Espanha.
['so di iʃ'pɐɲɐ]

Soy de España.

Não falo português.
['nẽw̃ 'falu purtu'geʃ]

No sé hablar portugués.

Falo um pouco de português.
['falu ũ 'poku di purtu'geʃ]

Hablo un poco de portugués.

Como se diz isso em português?
['komu si 'diz‿'isu ẽj purtu'geʃ]

¿Cómo se llama esto en portugués?

Podia repetir, por favor?
[pu'diɐ ʁipi'tir pur fɐ'vor]

¿Puede repetirlo, por favor?

Podia falar um pouco
mais devagar por favor?
[pu'diɐ fɐ'lar ũ 'poku
'maiʒ divɐ'gar pur fɐ'vor]

¿Puede hablar un poco
más despacio, por favor?

O que significa isso? [u kɨ signiˈfikɐ ˈisu]	¿Qué significa esto?
O que é isso? [u kɨ ˈɛ ˈisu]	¿Qué es esto?
Perdão? [pɨrˈdẽw̃]	¿Cómo dice/s?
Desculpe. / Desculpa. [diʃˈkuɫpɨ / diʃˈkuɫpɐ]	Disculpe. / Disculpa.
Sem problemas. [sẽj pruˈblemɐʃ]	Sin problema.
Onde estou? [ˈõdɨ iʃˈto]	¿Dónde estoy?
Como se vai para...? [ˈkomu sɨ ˈvaj ˈpɐrɐ]	¿Cómo puedo ir a...?
Senhor [siˈɲor]	Señor

Senhora [si'ɲoɐ]	Señora
Onde é...? ['õdɨ 'ɛ]	¿Dónde está...?
Eu gostaria... ['ew guʃ'tariɐ]	Querría...
Quanto custa isso? [kwẽtu 'kuʃtɐ 'isu]	¿Cuánto cuesta?
Eu gosto disso. ['ew 'goʃtu 'disu]	Me gusta.
Eu não gosto disso. ['ew 'nẽw̃ 'goʃtu 'disu]	No me gusta.
Mais ou menos. ['maiz‿o 'menuʃ]	Más o menos.

Maravilhoso! [mɐɾɐviˈʎozu]	¡Maravilloso!
Ótimo! [ˈɔtimu]	¡Excelente!
bom [ˈbõ]	bien
muito bom [ˈmũĩtu ˈbõ]	muy bien
mal [ˈmał]	mal
muito mal [ˈmũĩtu ˈmał]	muy mal
muito [ˈmũĩtu]	mucho
pouco [ˈpoku]	poco
um pouco de [ũ ˈpoku dɨ]	un poco de
Um momento, por favor. [ũ muˈmẽtu pur fɐˈvor]	Un momento, por favor.
Até breve! [ɐˈtɛ ˈbɾɛvɨ]	¡Hasta pronto!

Até logo! [ɐˈtɛ ˈlɔgu]	¡Hasta después!
Até amanhã! [ɐˈtɛ amɐˈɲẽ]	¡Hasta mañana!
Adeus! [ɐˈdewʃ]	¡Hasta luego!
Tchau! [ˈtʃaw]	¡Adiós!
Quem? [ˈkẽj̃]	¿Quién?
O que? [u ki]	¿Qué?
Onde? [ˈõdi]	¿Dónde?
Quando? [ˈkwẽdu]	¿Cuándo?
Porque? [purˈki]	¿Por qué?
Como? [ˈkomu]	¿Cómo?
Quantos? / Quantas? [ˈkwẽtuʃ / ˈkwẽtɐʃ]	¿Cuántos? / ¿Cuántas?

o aeroporto
[u ɐɛɾɔ'portu]

el aeropuerto

Onde é o controlo de passaporte?
['õdɨ 'ɛ u kõ'trolu dɨ pasɐ'pɔrti]

¿Dónde está el control de pasaportes?

O AVIÃO [u ɐ'vjẽw̃]

Desculpe, como se vai para o centro da cidade?
[diʃ'kułpɨ 'komu sɨ vaj pɐɾɐ u 'sẽtru dɐ si'dadi]
Disculpe, ¿cómo puedo ir al centro de la ciudad?

Onde é a estação do comboio?
['õdɨ 'ɛ ɐ iʃtɐ'sẽw̃ du kõ'bɔju]
¿Dónde está la estación de tren?

Desculpe, onde é a saída?

[diʃˈkuɫpɨ ˈõdɨ ˈɛ ɐ sɐˈidɐ]

Disculpe, ¿dónde está la salida?

el avión

Onde é a paragem do autocarro?

[ˈõdɨ ˈɛ ɐ pɐˈraʒẽj du awtɔˈkaʀu]

¿Dónde está la parada de autobús?

Onde é a praça de táxis?

[ˈõdɨ ˈɛ ɐ ˈprasɐ dɨ ˈtaksiʃ]

¿Dónde está la parada de taxi?

Onde é a informação turística?
['õdɨ 'ɛ ɐ ĩfurmɐ'sẽw̃ tu'riʃtikɐ]
¿Dónde está el punto de información turística?

É longe, o centro da cidade?
['ɛ 'lõʒɨ u 'sẽtru dɐ si'dadɨ]
¿El centro de la ciudad está lejos?

Podia recomendar-me um hotel barato?
[pu'diɐ ʀikumẽ'darmɨ ũ ɔ'tɛł bɐ'ratu]
¿Puede recomendarme un hotel económico?

Leve-me para este endereço, por favor.
['lɛvɨmɨ 'pɐrɐ 'eʃtɨ ẽdɨ'resu pur fɐ'vor]
Lléveme a esta dirección, por favor.

o autocarro

[u awtɔ'kaʀu]

el autobús

Quanto custa o passeio?
['kwẽtu 'kuʃtɐ u pɐ'sɐju]
¿Cuánto cuesta el viaje?

Posso pagar com cartão de crédito?
['posu pɐ'gar kõ kɐr'tẽw dɨ 'krɛditu]
¿Puedo pagar con tarjeta?

Podia avisar-me quando tenho que descer, por favor?
[pu'diɐ ɐvi'zarmɨ 'kwẽdu 'tɐɲũ kɨ diʃ'ser pur fɐ'vor]
Cuando tenga que bajarme, ¿podría avisarme?

Muito obrigado pela sua ajuda.
['mũĩt‿ɔbri'gadu 'pelɐ 'suɐ ɐ'ʒudɐ]
Muchas gracias por su ayuda.

o táxi
[u 'taksi]

el taxi

o comboio

[u kõˈbɔju]

el tren

o metro

[u mɛˈtro]

el metro

o elétrico

[u iˈlɛtriku]

el tranvía

Alfa Pendular
(o comboio de alta velocidade)

[u kõˈbɔju dˑˈałtɐ vilusiˈdadɨ]

el tren de alta velocidad

o navio

[u nɐˈviu]

el barco

El alojamiento

A acomodação [ɐ ɐkumudɐˈsẽw̃]

Tem um quarto livre?
[ˈtẽj ũˈkwartu ˈlivɾɨ]

¿Tiene una habitación libre?

Posso ver o quarto, por favor?
[ˈposu ˈver u ˈkwartu pur fɐˈvor]

¿Puedo ver la habitación?

Quanto custa?
[ˈkwartu ˈkuʃtɐ]

¿Cuánto cuesta?

O pequeno-almoço está incluído?
[u pɨˈken‿aɫˈmosũ iʃˈta iklwˈidu]

¿Está incluido el desayuno?

Tenho um quarto reservado
no nome de...
[ˈteɲ‿ũ ˈkwartu ʀɨziɾˈvadu
nu ˈnomɨ dɨ]

Tengo una habitación reservada
a nombre de...

Aqui está o meu passaporte.
[ɐˈki iʃˈta u ˈmew pasɐˈpɔrti]

Aquí está mi pasaporte.

Tem wifi?
[ˈtẽj wajˈfaj]

¿Tienen wifi?

Tem o cofre?
[ˈtẽj ũ ˈkɔfrə]

¿Tienen caja fuerte?

Quando devo fazer o checkout?
[ˈkwẽdu deˈvu fɐˈzer u ʃɛˈkawt]

¿A qué hora tengo que dejar la habitación?

A receção está aberta 24 horas?
[ɐ ʁisɛˈsẽw̃ iʃˈt‿ɐˈbɛrtɐ ˈvĩti ˈkwatru ˈɔrɐʃ]

¿Hay recepción las 24 horas?

Gostaria de um quarto para...

[guʃˈtariɐ di ũ ˈkwartu ˈpɐrɐ]

Querría una habitación para...

uma pessoa.
[ˈumɐ piˈsoɐ]
una persona.

duas pessoas.
[ˈduɐʃ piˈsoɐʃ]
dos personas.

uma família.
[umɐ fɐˈmiljɐ]
una familia.

o teto
[u ˈtɛtu]
el techo

a estante de livros
[ɐ iʃˈtẽtɨ dɨ ˈlivruʃ]
la estantería

a janela
[ɐ ʒɐˈnɛlɐ]
la ventana

o candeeiro
[u kẽˈdjɐjru]
la lámpara

o interruptor
[u ĩtɨʁupˈtor]
el interruptor

o despertador
[u dɨʃpɐrtɐˈdor]
el despertador

o travesseiro
[u trɐvɐˈseiru]
la almohada

a cadeira
[ɐ kɐˈdeirɐ]
la silla

a secretària
[ɐ sikrɨtɐˈrjɐ]
el escritorio

a ficha
[ɐ ˈfiʃɐ]
la clavija

a tomada
[ɐ tuˈmadɐ]
el enchufe

o ar-condicionado
[u ˈar kõdisjuˈnadu]
el aire acondicionado

a cortina
[ɐ kurˈtinɐ]
las cortinas

o cabide
[u kɐˈbidɨ]
la percha

o chapéu
[u ʃɐˈpɛw]
el sombrero

a gaveta
[ɐ gaˈvetɐ]
el cajón

a bolsa
[ɐ ˈbołsɐ]
el bolso

a camiseta
[ɐ kɐmiˈzetɐ]
las camisetas

as calças
[ɐʃ ˈkałsɐʃ]
los pantalones

o sapato
[u sɐˈpatu]
el zapato

o cobertor
[u kubirˈtor]
la colcha

a carpete
[ɐ karˈpɛtɐ]
la alfombra

a cama
[ɐ ˈkɐmɐ]
la cama

En el dormitorio

No quarto [nu ˈkwartu]

En el baño

No banheiro [nu bɐˈɲejru]

o espelho
[u iʃˈpɐʎu]
el espejo

o roupão de banho
[u roˈpẽw̃ dɨ ˈbɐɲu]
el albornoz

a torneira
[ɐ turˈnejrɐ]
el grifo

o lavatório
[lɐvɐˈtɔrju]
el lavamanos

a máquina de barbear
[ɐ ˈmakinɐ dɨ bɐrˈbjar]
la máquina de afeitar

a toalha
[ɐ ˈtwaʎɐ]
la toalla

o secador do cabelo
[u sɨkɐˈdor dɨ kɐˈbelu]
el secador

o cesto de roupa suja
[u ˈseʃtu dɨ ˈRopɐ ˈsuʒɐ]
el cesto de la ropa

a escova de dentes
[ɐ iʃˈkovɐ dɨ ˈdẽtʃ]
el cepillo de dientes

o creme dental
[u ˈkrɛmi dẽˈtaɫ]
el dentífrico

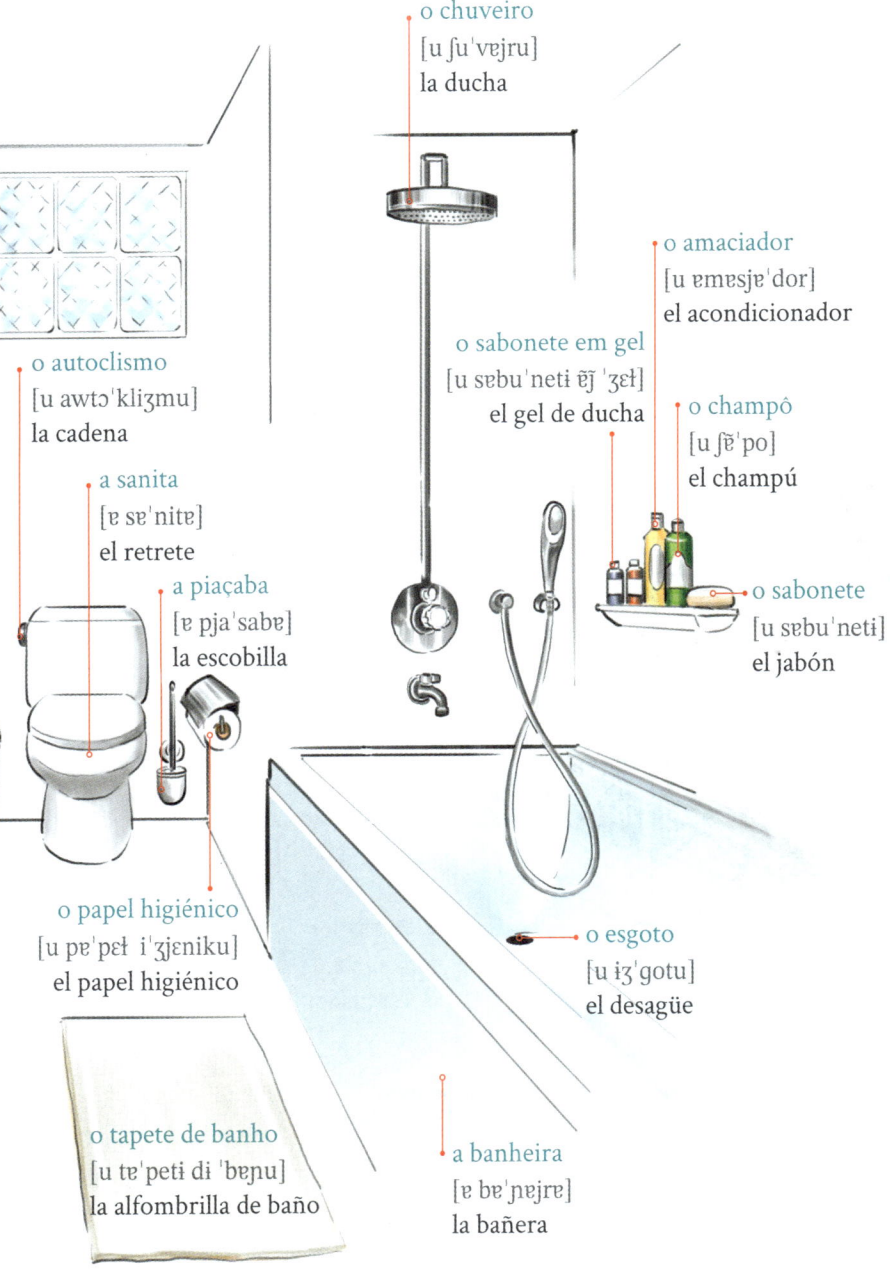

o chuveiro
[u ʃuˈvɐjru]
la ducha

o amaciador
[u ɐmɐsjɐˈdor]
el acondicionador

o sabonete em gel
[u sɐbuˈneti ẽj̃ ˈʒɛɫ]
el gel de ducha

o champô
[u ʃɐ̃ˈpo]
el champú

o autoclismo
[u awtɔˈkliʒmu]
la cadena

a sanita
[ɐ sɐˈnitɐ]
el retrete

a piaçaba
[ɐ pjaˈsabɐ]
la escobilla

o sabonete
[u sɐbuˈneti]
el jabón

o papel higiénico
[u pɐˈpɛɫ iˈʒjɛniku]
el papel higiénico

o esgoto
[u iʒˈgotu]
el desagüe

o tapete de banho
[u tɐˈpeti di ˈbɐɲu]
la alfombrilla de baño

a banheira
[ɐ bɐˈɲɐjrɐ]
la bañera

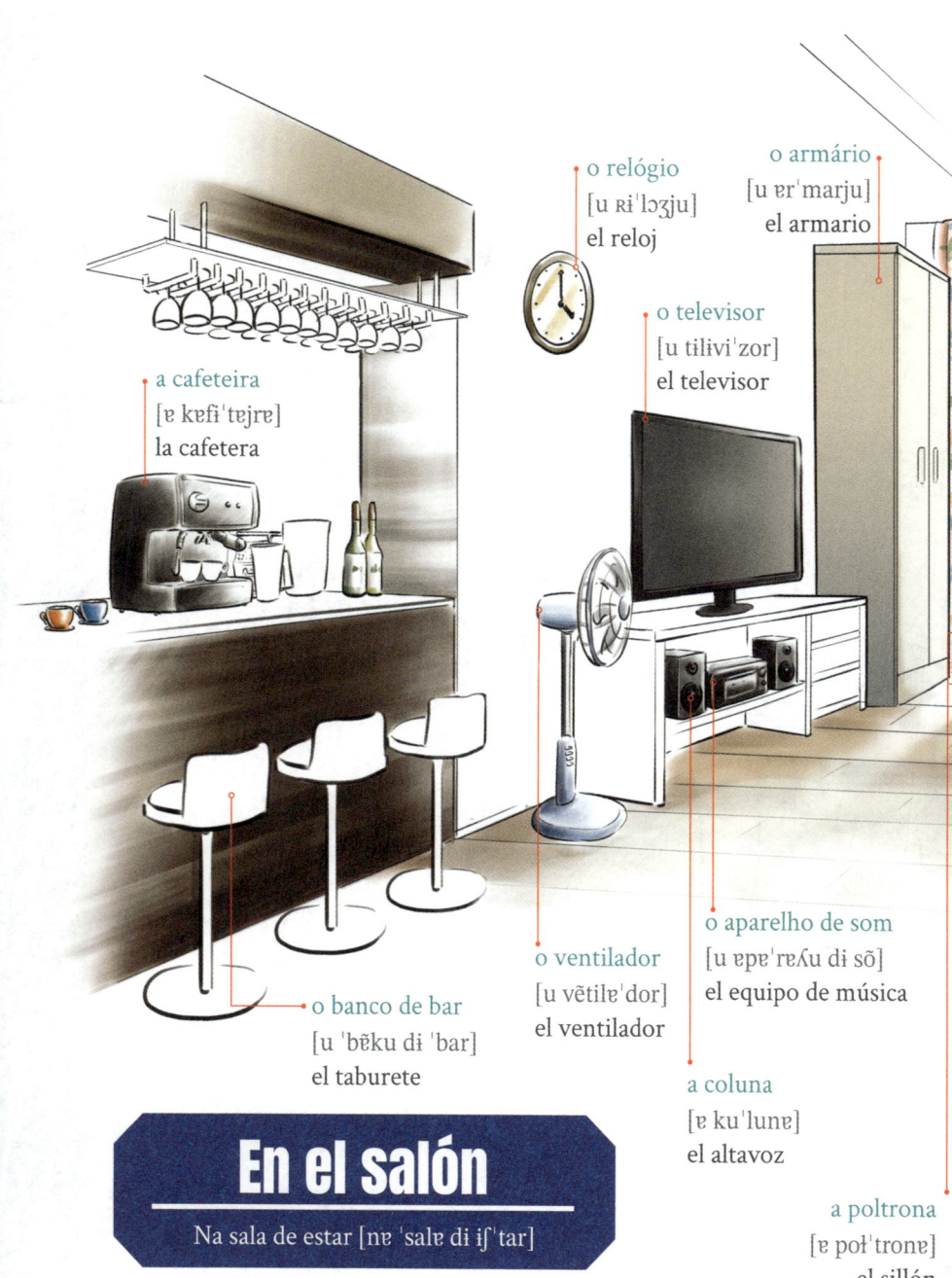

o relógio
[u ʀi'lɔʒju]
el reloj

o armário
[u ɐr'marju]
el armario

o televisor
[u tilivi'zor]
el televisor

a cafeteira
[ɐ kɐfi'tejrɐ]
la cafetera

o aparelho de som
[u ɐpɐ'reʎu di sõ]
el equipo de música

o ventilador
[u vẽtilɐ'dor]
el ventilador

o banco de bar
[u 'bɐ̃ku di 'bar]
el taburete

a coluna
[ɐ ku'lunɐ]
el altavoz

a poltrona
[ɐ poł'tronɐ]
el sillón

En el salón

Na sala de estar [nɐ 'salɐ di iʃ'tar]

o candeeiro
[u kẽˈdjɐjru]
la lámpara

o piano
[u ˈpjɐnu]
el piano

o quadro
[u ˈkwadru]
el cuadro

o livro
[u ˈlivru]
el libro

o violino
[u vjuˈlinu]
el violín

o telefone
[u tiliˈfɔni]
el teléfono

a mesa
[ɐ ˈmezɐ]
la mesa

o vaso
[u ˈvazu]
el jarrón

o sofá
[u suˈfa]
el sofá

a flor
[ɐ ˈfloɾ]
la flor

o comando
[u kuˈmẽdu]
el mando a distancia

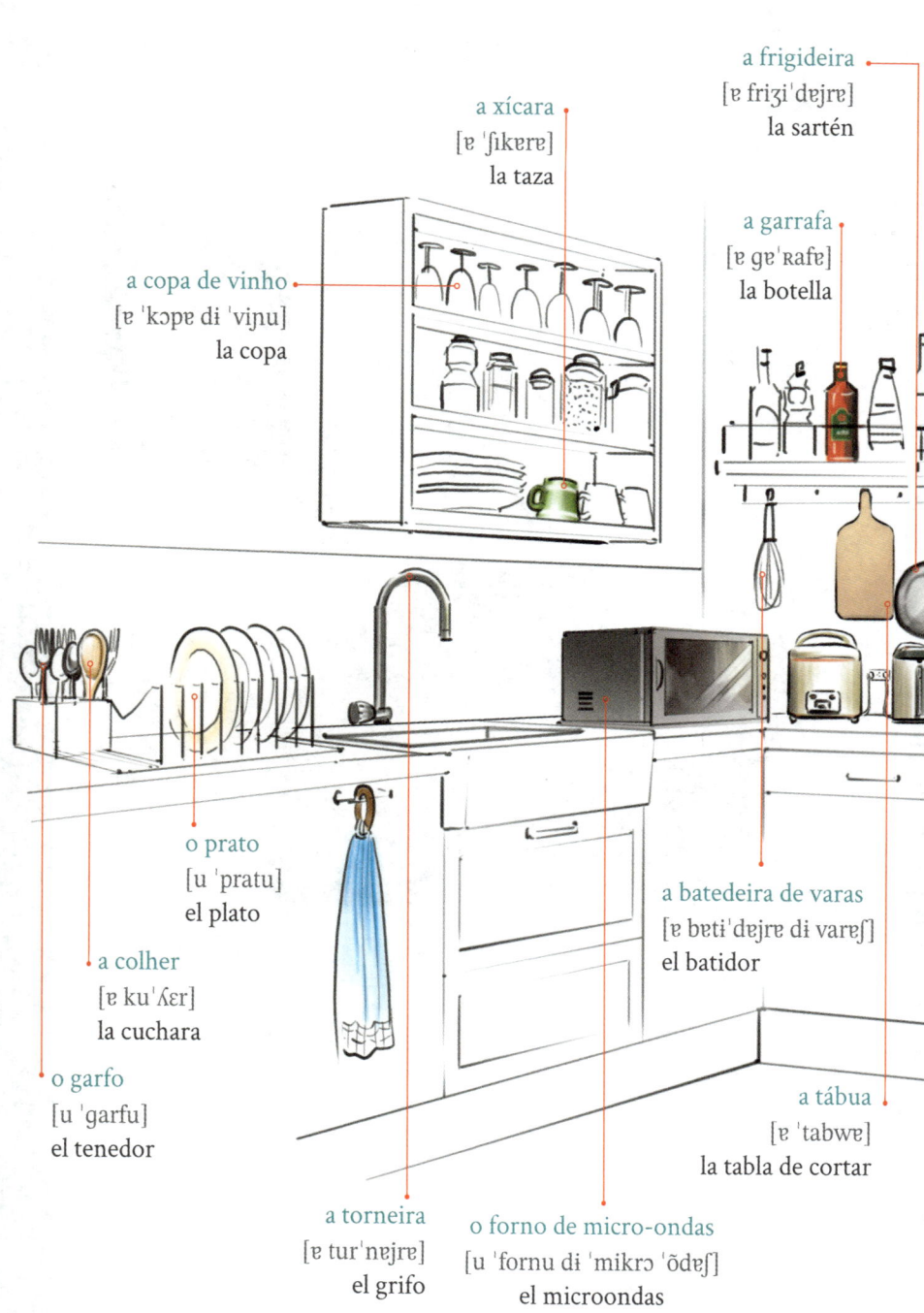

a frigideira
[ɐ friʒiˈdɐjrɐ]
la sartén

a xícara
[ɐ ˈʃikɐrɐ]
la taza

a garrafa
[ɐ gɐˈʀafɐ]
la botella

a copa de vinho
[ɐ ˈkɔpɐ di ˈviɲu]
la copa

o prato
[u ˈpratu]
el plato

a batedeira de varas
[ɐ bɐtiˈdɐjrɐ di varɐʃ]
el batidor

a colher
[ɐ kuˈʎɐr]
la cuchara

o garfo
[u ˈgarfu]
el tenedor

a tábua
[ɐ ˈtabwɐ]
la tabla de cortar

a torneira
[ɐ turˈnɐjrɐ]
el grifo

o forno de micro-ondas
[u ˈfornu di ˈmikrɔ ˈõdɐʃ]
el microondas

En la cocina

Na cozinha [nɐ kuˈziɲɐ]

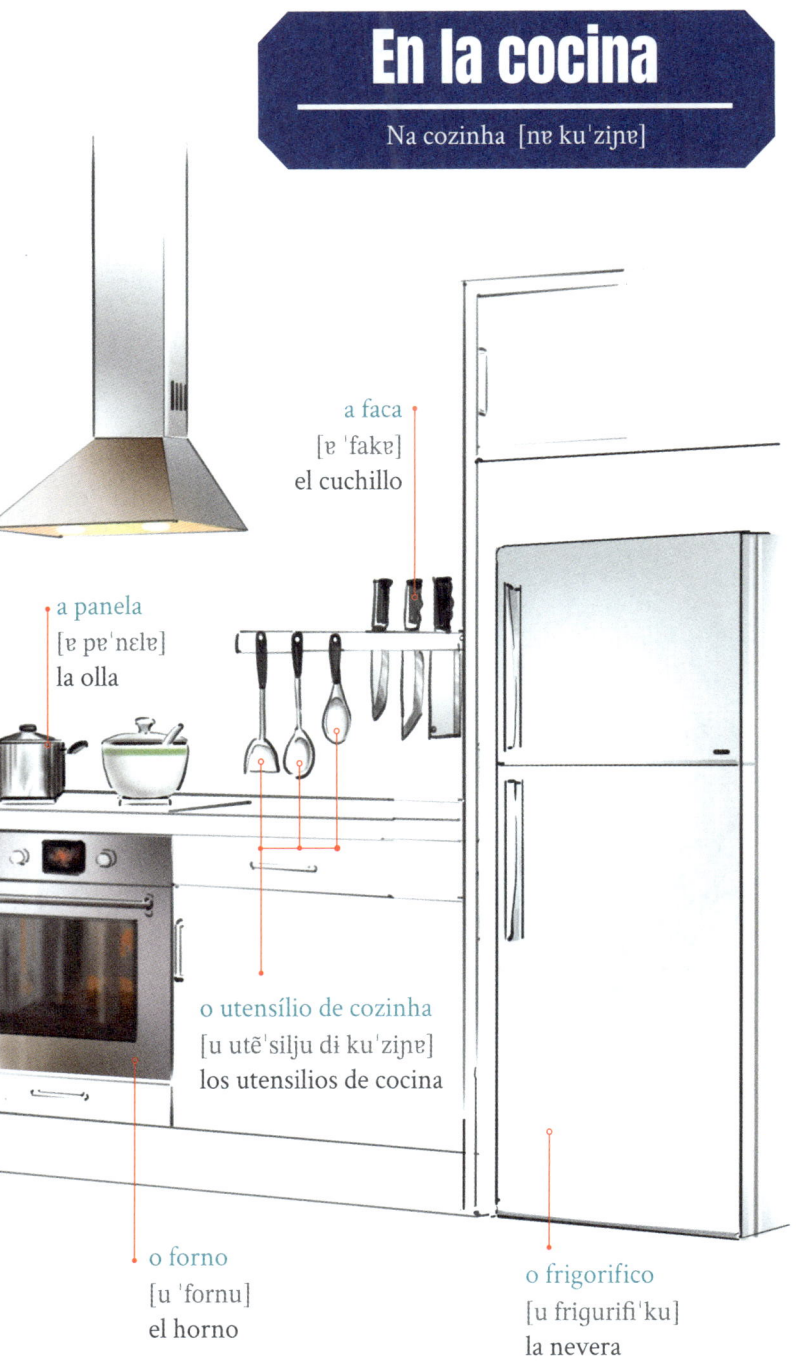

a faca
[ɐ ˈfakɐ]
el cuchillo

a panela
[ɐ pɐˈnɛlɐ]
la olla

o utensílio de cozinha
[u utẽˈsilju di kuˈziɲɐ]
los utensilios de cocina

o forno
[u ˈfornu]
el horno

o frigorifico
[u frigurifiˈku]
la nevera

Excursiones por la ciudad y salidas al campo

Excursões na cidade e no campo
[ɐjʃkurˈsõĩʃ nɐ siˈdadɨ i nu ˈkẽpu]

Há atrações turísticas nessa área?
[ˈa ɐtraˈsõĩʃ tuˈriʃtikɐʒ nesɐ ˈarjɐ]

¿Hay lugares de interés turístico en esta zona?

Onde posso provar a comida local?

[ˈõdɨ ˈpɔsu pruˈvar ɐ kuˈmidɐ luˈkał]

¿Dónde puedo probar comida típica de la zona?

Excursiones en tren

Excursões de comboio [ɐjʃkurˈsõjʒ dɨ kõˈbɔju]

Onde é a estação de comboio?
[ˈõdɨ ˈɛ ɐ iʃtɐˈsẽw̃ dɨ kõˈbɔju]

¿Dónde está la estación de tren?

Onde é a máquina de bilhetes?
[ˈõdɨ ˈɛ ɐ ˈmakinɐ dɨ biˈʎetiʃ]

¿Dónde está la máquina expendedora de billetes?

Onde é a bilheteira?
[ˈõdɨ ˈɛ ɐ biʎiˈtɐjrɐ]

¿Dónde está la taquilla?

Quanto custa o bilhete?
[ˈkwẽtu ˈkuʃtɐ u biˈʎeti]

¿Cuánto cuesta el billete?

Um bilhete de primeira classe, por favor
[ũ biˈʎeti dɨ priˈmɐjrɐ ˈklasɨ pur fɐˈvor]

Un billete de primera clase, por favor.

Um bilhete de segunda classe, por favor.
[ũ biˈʎeti dɨ siˈgũdɐ ˈklasɨ pur fɐˈvor]

Un billete de segunda clase, por favor.

Um bilhete de ida, por favor.
[ũ biˈʎeti d‿ˈidɐ pur fɐˈvor]

Un billete de ida, por favor.

Um bilhete de ida e volta, por favor.
[ũ biˈʎetɨ d‿ˈidɐ i ˈvɔltɐ pur fɐˈvor]

Un billete de ida y vuelta, por favor.

Gostaria de reservar um lugar, por favor.
[guʃˈtariɐ dɨ ʁɨzirˈvar ũ luˈgar pur fɐˈvor]

Quiero reservar un asiento, por favor.

A que horas sai o comboio?
[ɐ kɨ ˈɔrɐʃ ˈsaj u kõˈbɔju]

¿A qué hora sale el tren?

Quantas vezes tenho que mudar de comboio?
[ˈkwẽtɐʒ ˈveziʃ ˈtɐɲu kɨ muˈdar dɨ kõˈbɔju]

¿Cuántos transbordos tengo que hacer?

Qual é a próxima estação?
[ˈkwał ˈɛ ɐ ˈprɔsimɐ iʃtɐˈsẽw̃]

¿Cuál es la próxima parada?

Por favor, diga-me quando tenho que sair.
[pur fɐˈvor digɐmɨ ˈkwẽdu ˈtɐɲũ kɨ sɐˈir]

Por favor, avíseme cuando me tenga que bajar.

En la estación de tren

Na estação de comboio
[nɐ iʃtɐˈsẽw di kõˈbɔju]

a estação
[ɐ iʃtɐˈsẽw]
la estación

a estação central
[ɐ iʃtɐˈsẽw sẽˈtɾał]
la estación central

a bilheteira
[ɐ biʎiˈtɐjɾɐ]
la taquilla

o bilhete
[u biˈʎeti]
el billete

o horário
[u oˈɾaɾju]
el horario

a chegada
[ɐ ʃɐˈgadɐ]
la llegada

a partida
[ɐ pɐɾˈtidɐ]
la salida

o comboio
[u kõˈbɔju]
el tren

a plataforma
[ɐ plɐtɐˈfɔɾmɐ]
el andén

o carrinho de dormir
[u kɐˈʀiɲu di duɾˈmir]
el coche cama

o comboio expresso
[u kõˈbɔju ɐjʃˈpɾɛsu]
el tren exprés

o bilhete de primeira classe
[u biˈʎeti di priˈmɐjrɐ ˈklasi]
el billete de primera clase

o bilhete de segunda classe
[u biˈʎeti di siˈɡũdɐ ˈklasi]
el billete de segunda clase

a reserva de lugar
[ɐ ʁiˈzɛrvɐ di luˈɡar]
la reserva de asiento

ida
[ˈidɐ]
ida

ida e voltta
[ˈidɐ i ˈvɔɫtɐ]
ida y vuelta

a sobretaxa
[ɐ sobriˈtaʃɐ]
el recargo

subir
[suˈbir]
subir (al tren)

descer
[diʃˈser]
bajar

mudar de comboio
[muˈdar di kõˈbɔju]
hacer transbordo

A que horas o comboio / o autocarro o metro / o elétrico parte?

[ɐ kɨ ˈɔɾɐz u kõˈbɔju / u awtɔˈkaʁu
/ u ˈmɛtru / u ˈiˈlɛtriku ˈpartɨ]

¿A qué hora sale el tren / el bus /
el metro / el tranvía?

Com licença, podia ajudar-me a comprar um bilhete da máquina, por favor?

[kõ liˈsẽsɐ puˈdiɐ ɐʒuˈdarmɨ ɐ kõˈprar ũ biˈʎeti dɐ ˈmakinɐ pur fɐˈvor]

Disculpe,
¿puede ayudarme
a comprar un billete
en la máquina?

Quero ir...

[ˈkɛru ˈir]

Quiero ir...

Excursiones en autobús y tranvía

Excursões de autocarro e elétrico
[ɐjʃkurˈsõjʒ dɨ awtɔˈkaʀu i iˈlɛtriku]

---

o autocarro
[u awtɔˈkaʀu]

el autobús, el bus

---

a estação do autocarro
[ɐ iʃtɐˈsẽw̃ du awtɔˈkaʀu]

la parada de autobús

---

o elétrico
[u iˈlɛtriku]

el tranvía

Onde fica a estação do elétrico?

[ˈõdɨ ˈfikɐ ɐ iʃtɐˈsẽw̃ du iˈlɛtriku]
¿Dónde está la parada del tranvía?

---

a estação do elétrico
[ɐ iʃtɐˈsẽw̃ du iˈlɛtriku]

la parada del tranvía

---

o bilhete
[u biˈʎetɨ]

el billete

---

o revisor
[u ʀiviˈzor]

el revisor

---

a multa
[ɐ ˈmułtɐ]

la multa

Onde é...?

['õdi 'ɛ]

¿Dónde está...?

Onde é a estação do autocarro?

['õdi 'ɛ ɐ iʃtɐ'sẽw̃ du awtɔ'kaʁu]

¿Dónde está la parada de autobús?

o semáforo

[u siˈmafuru]

el semáforo

a mota

[ɐ ˈmɔtɐ]

la motocicleta

a bicicleta

[ɐ bisiˈklɛtɐ]

la bicicleta

o carro

[u ˈkaʁu]

el coche

Por tu cuenta en coche, en moto, en bicicleta y a pie

Viajar sozinho de carro, moto, bicicleta e a pé
[vja'ʒaɾ sɔ'ziɲu dɨ 'kaʀu 'mɔtu bisi'klɛta i ɐ 'pɛ]

a rua [ɐ 'ʀuɐ]	la calle
o cruzamento [u kruzɐ'mẽtu]	el cruce
vá em frente ['va ẽj 'frẽtɨ]	ir recto
virar à direita [vi'rar a di'rɐjtɐ]	girar a la derecha
virar à esquerda [vi'rar a iʃ'kerdɐ]	girar a la izquierda
Onde há uma estação de serviço? ['õdɨ 'a umɐ iʃtɐ'sẽw dɨ sɨr'visu]	¿Dónde hay una gasolinera?
aqui [ɐ'ki]	aquí
ali [ɐ'li]	allí
perto ['pɛrtu]	cerca
longe ['lõʒɨ]	lejos
o seguro [u sɨ'guru]	el seguro
Que tipo de gasolina devo meter? [kɨ 'tipu dɨ gɐzu'linɐ 'devu mi'ter]	¿Con qué gasolina debo repostar?

Arte y ocio

Arte e atividades de lazer ['arti i ativi'dadiʒ di lɐ'zer]

---

o teatro
[u 'tjatru]
el teatro

---

o teatro de ópera
[u 'tjatru d‿'ɔpirɐ]
la ópera

---

o cinema
[u si'nemɐ]
el cine

---

a galeria de arte
[ɐ gɐli'riɐ d‿'arti]
la galería de arte

---

o museu
[u mu'zew]
el museo

a piscina coberta
[ɐ piʃˈsinɐ kuˈbɛrtɐ]
la piscina cubierta

a piscina descoberta
[ɐ piʃˈsinɐ diʃkuˈbɛrtɐ]
la piscina exterior

a sauna
[ɐ ˈsawnɐ]
la sauna

o parque da cidade
[u ˈparki dɐ siˈdadi]
el parque municipal

o ginásio
[u ʒiˈnazju]
el gimnasio

Lugares de interés turístico

Atrações turísticas [ɐtraˈsõĩʃ tuˈriʃtikɐʃ]

Palácio Nacional da Pena (Lisboa)
[pɐˈlasju nɐsjuˈnał dɐ ˈpenɐ]

Castelo de Sintra (Lisboa)
[kɐʃˈtɛlu dɨ ˈsĩˈtrɐ]

Castelo de São Jorge (Lisboa)
[kɐʃˈtɛlu dɨ ˈsɐ̃w̃ ˈʒorʒɨ]

Fátima, Batalha,
Nazaré e Óbidos (Lisboa)
[ˈfatimɐ bɐˈtaʎa nɐzɐˈrɛ i
ˈɔbiduʃ]

Castelo de Silves (Algarve)
[kɐʃˈtɛlu dɨ siɫˈviʃ]

Mosteiro dos Jerónimos (Lisboa)
[muʃˈtɐjru ˈdu‿ʒɛˈrɔnimuʃ]

Batalha (Leiria)
[bɐˈtaʎɐ]

Torre de Belém (Lisboa)
[ˈtoʀi dɨ biˈlẽj]

Lugares de interés turístico

Atrações turísticas [ɐtraˈsõĩʃ tuˈriʃtikɐʃ]

Torre dos Clérigos (Porto)
[ˈtoʁi duʃ ˈklɛɾiguʃ]

Torre dos Clérigos (Porto)
[ˈtoʁi duʃ ˈklɛɾiguʃ]

Praia da Marinha
[ˈpraje dɐ mɐˈriɲɐ]

Gruta de Benagil (Marinha)
[ˈgrutɐ dɨ binɐˈʒiɫ]

Lagos (Algarve)
[ˈlɐgoʃ]

Madeira
[mɐˈdɐjrɐ]

Peneda-Gerês (Minho)
[piˈnedɐ ʒiˈrəʃ]

Douro (Vila Real)
[ˈdoru]

Comida

Bebidas   68

En el restaurante   76

Hacer la compra   90

Los colores   98

Los números   100

Panadería

Padaria [padɐˈriɐ]

a broa de milho
[ɐ ˈbroɐ dɨ ˈmiʎu]

el pan de maíz

o bolo de caco
[u ˈbolu dɨ ˈkaku]

el pastel de batata

o pão de Mafra
[u ˈpɐ̃w dɨ ˈmɐfrɐ]

el pan crujiente de trigo

o pão de deus
[u ˈpɐ̃w dɨ ˈdewʃ]

el panecillo de coco

a broa de Avintes
[ɐ ˈbroɐ d‿ɐˈvĩtiʃ]

Broa de Avintes
(pan de centeno y trigo)

o pão integral
[u ˈpẽw̃ ĩtiˈgrał]

el pan integral

o folar da Páscoa
[u fuˈlar dɐ peʃˈkwɐ]

el hojaldre de Pascua

o pão alentejano
[u ˈpẽw ɐlẽtiˈʒɐnu]

el pan de Alentejo
(de hogaza)

o cordeiro
[u kurˈdɐjru]
el cordero

En la carnicería

No talho [nu ˈtaʎu]

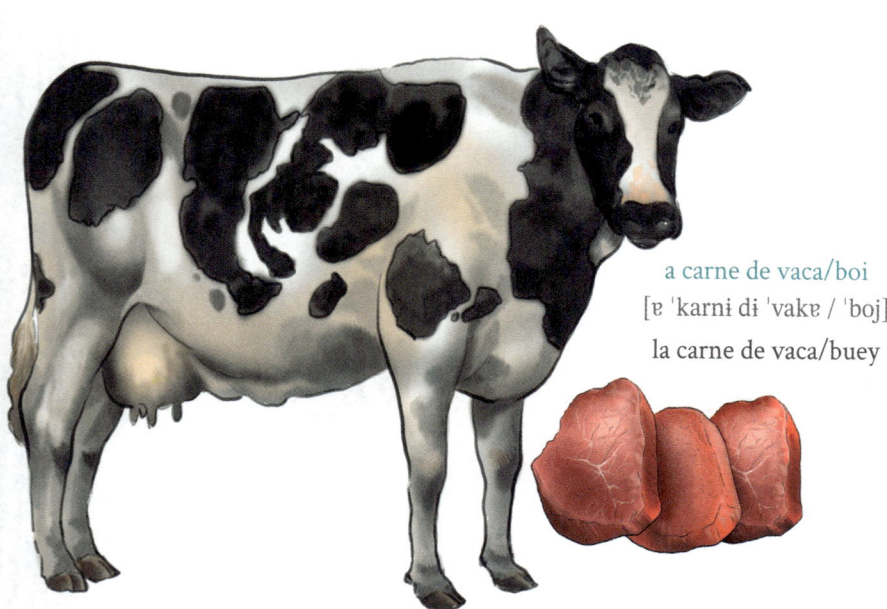

a carne de vaca/boi
[ɐ ˈkarnɨ dɨ ˈvakɐ / ˈboj]
la carne de vaca/buey

o pato
[u ˈpatu]
el pato

o coelho
[u ˈkweʎu]
el conejo

a carne de porco
[ɐ ˈkarnɨ dɨ ˈporku]
la carne de cerdo

o frango
[u ˈfrẽgu]
el pollo

En la pescadería

Na peixaria [nɐ pɐjʃɐˈriɐ]

a truta
[ɐ ˈtrutɐ]
la trucha

o peixe
[u ˈpɐjʃɨ]
el pescado

o camarão
[u kɐmɐˈrẽw̃]
la gamba

o bacalhau
[u bɐkɐˈʎaw]
el bacalao

o caranguejo
[u kɐrɐ̃ˈgeʒu]
el cangrejo

o hadoque
[u aˈdɔkɨ]
el eglefino

o atum
[u ɐˈtũ]
el atún

a lula
[ɐ ˈlulɐ]
el calamar

a solha
[ɐ ˈsoʎɐ]
la platija

o salmão
[u saɫˈmẽw̃]
el salmón

o mexilhão
[u miʃiˈʎẽw̃]
el mejillón

a ostra
[ɐ ˈoʃtrɐ]
la ostra

1

2

3

4

5

6

7

8

9

En la verdulería

Na loja de vegetal [nɐ ˈlɔʒa də vəʒəˈtaɫ]

1. a berinjela [ɐ birĩˈʒɛlɐ]
la berenjena

2. o pepino [u piˈpinu]
el pepino

3. os brócolos [uʒ ˈbrɔkuluʃ]
el brócoli

4. a alcachofra [ɐ aɫkɐˈʃofrɐ]
la alcachofa

5. o repolho chinês [u ʁɨˈpoʎu ʃiˈneʃ]
col china

6. a ervilha [ɐ erˈviʎɐ]
el guisante

7. a couve-flor [ɐ ˈkovɨ ˈflor]
la coliflor

8. a cenoura [ɐ sɨˈnorɐ]
la zanahoria

9. o manjericão [u mẽʒiriˈkẽw̃]
la albahaca

1. o gengibre [u ʒẽˈʒibrɨ]
   el jengibre

2. a alface [ɐ aɫˈfasɨ]
   la lechuga

3. a abóbora [ɐ ɐˈbɔburɐ]
   la calabaza

4. a amêndoa [ɐ ɐˈmẽdwɐ]
   la almendra

5. o amendoim [u ɐmẽˈdwĩ]
   el cacahuete

6. a avelã [ɐ ɐviˈlẽ]
   la avellana

7. o alho [u ˈaʎu]
   el ajo

8. o cogumelo [u kuguˈmɛlu]
   la seta

9. a batata [ɐ bɐˈtatɐ]
   la patata

10. o milho [u ˈmiʎu]
    el maíz

11. a noz [ɐ ˈnɔʃ]
    la nuez

1

2

3

4

5

6

7

8

9

10

11

1

2

3

4

5

6

7

8

9

10

1. a beterraba [ɐ biti'ʀabɐ]
la remolacha

2. o pimento [u pi'mẽtũ]
el pimiento

3. a cebola [ɐ si'bolɐ]
la cebolla

4. o repolho branco [u ʀi'poʎu 'brẽku]
la col

5. o repolho vermelho [u ʀi'poʎu vɐr'mɐjʎu]
la col lombarda

6. os espargos [uz iʃ'parguʃ]
el espárrago

7. o tomate [u tu'matɨ]
el tomate

8. a abobrinha [ɐ ɐbɔ'briɲɐ]
el calabacín

9. o aipo [u 'ajpu]
el apio

10. o espinafre [u iʃpi'nafrɨ]
la espinaca

a maçã
[ɐ mɐˈsɐ̃]
la manzana

a maçã verde
[ɐ mɐˈsɐ̃ ˈverdi]
la manzana verde

a pera
[ɐ ˈperɐ]
la pera

a cereja
[ɐ siˈrɐʒɐ]
la cereza

a ameixa
[ɐ ɐmˈɐjʃɐ]
la ciruela

a azeitona
[ɐ ɐzɐjˈtonɐ]
la aceituna

o coco
[u ˈkoku]
el coco

o morango
[u muˈrɐ̃gu]
la fresa

o abacaxi
[u ɐbɐkɐˈʃi]
la piña

a romã
[ɐ ʁuˈmɐ̃]
la granada

a amora-silvestre
[ɐ ɐˈmɔɾɐ siɫˈveʃtri]
la mora

a framboesa
[ɐ frɐ̃ˈbwezɐ]
la frambuesa

En la frutería

Na loja de frutas [nɐ ˈlɔʒɐ di ˈfrutɐʃ]

o mirtilo
[u mirˈtilu]
el arándano

a groselha negra
[ɐ grɔˈzeʎɐ ˈnegɾɐ]
la grosella negra

a groselha
[ɐ grɔˈzeʎɐ]
la grosella roja

a lima
[ɐ liˈmɐ]
la lima

o limão
[u liˈmɐ̃w̃]
el limón

o abacate
[u ɐbɐˈkati]
el aguacate

o pêssego
[u ˈpesɨgu]
el melocotón

a papaia
[ɐ pɐˈpajɐ]
la papaya

a banana
[ɐ bɐˈnɐnɐ]
el plátano

a manga
[ɐ ˈmɐ̃gɐ]
el mango

a laranja
[ɐ lɐˈrẽʒɐ]
la naranja

a tangerina
[ɐ tẽʒiˈrinɐ]
la mandarina

a melancia
[ɐ mɨlẽˈsiɐ]
la sandía

a uva
[ɐ ˈuvɐ]
la uva

o melão
[u miˈlẽw̃]
el melón

o kiwi
[u kiˈvi]
el kiwi

Bebidas

Bebidas [biˈbidɐʃ]

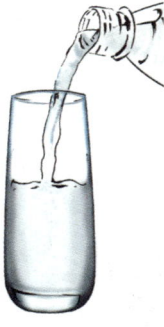

a água sem gás
[ɐ ˈagwɐ sẽj ˈgaʃ]
el agua sin gas

a água mineral
[ɐ ˈagwɐ miniˈrał]
el agua mineral

a água com gás
[ɐ ˈagwɐ kõ ˈgaʃ]
el agua con gas

a limonada
[ɐ limuˈnadɐ]
la limonada

a bebida com gás
[ɐ biˈbidɐ kõ ˈgaʃ]
los refrescos

a sangria
[ɐ sẽˈgriɐ]
la sangría

o sumo de cenoura
[u ˈsumu dɨ siˈnorɐ]
el zumo de zanahoria

o sumo de abacaxi
[u ˈsumu d‿ɐbɐkɐˈʃi]
el zumo de piña

o sumo de maçã
[u ˈsumu dɨ mɐˈsɐ̃]
el zumo de manzana

o sumo de tomate
[u ˈsumu dɨ tuˈmati]
el zumo de tomate

o sumo de laranja
[u ˈsumu dɨ lɐˈrɐ̃ʒɐ]
el zumo de naranja

o sumo de uva
[u ˈsumu d‿ˈuvɐ]
el zumo de uva

En el bar

No bar [no ˈbar]

a cerveja
[ɐ sir'veʒɐ]
la cerveza

o moscatel
[u muʃkɐ'tɛł]
el moscatel

a ginjinha
[ɐ ʒĩ'ʒiɲɐ]
licor de guinda

a aguardente
[ɐ agwar'dẽti]
el aguardiente

o licor
[u li'kor]
el licor

o vinho tinto
[u ˈviɲu ˈtĩtu]
el vino tinto

o vinho branco
[u ˈviɲu ˈbrɐ̃ku]
el vino blanco

o vinho rosé
[u ˈviɲu ʁɔˈzɛ]
el vino rosado

A verdade está no vinho.
[ɐ vir'dadɨ iʃ'ta nu ˈviɲu] La verdad está en el vino.

O vinho é poesia em uma garrafa.
[u ˈviɲu ˈɛ pwɛˈziɐ ẽɉ ˈumɐ gɐˈʁafɐ] El vino es poesía embotellada.

O vinho branco também pode deixar seu nariz vermelho.
[u ˈviɲu ˈbrɐ̃ku tɐ̃ˈbɐ̃ɉ ˈpɔdɨ dɐɉˈʃar ˈsew nɐˈriʃ vir'mɐʎu]
El vino blanco también te puede poner la nariz roja.

A vida

é demasiado curta

para beber

vinho

ruim.

[ɐ ˈvidɐ ˈɛ diˈmɐˈzjadu ˈkurtɐ pɐrɐ biˈber ˈviɲu ʁuˈĩ]

La vida es demasiado corta para beber mal vino.

———

Johann Wolfgang von Goethe

um café

[ũ kɐˈfɛ]

um pingo

[ũ ˈpĩgu]

um café duplo

[ũ kɐˈfɛ ˈduplu]

uma meia de leite

[ˈumɐ ˈmɐjɐ di ˈleitɐ]

En la cafetería

Na cafetaria [nɐ kafetɐˈriɐ]

café

café solo

pingo

cortado

café duplo

café doble

meia de leite

café con leche

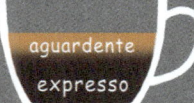

um abatanado

[ũ ɐbɐtɐˈnadu]

um café
com cheirinho

[ũ kɐˈfɛ kõ ʃejˈriɲu]

um café
com gelo

[ũ kɐˈfɛ kõ ˈʒelu]

um leite quente

[ũ ˈlɐjti ˈkẽtɨ]

um chocolate quente

[ũ ʃukuˈlati ˈkẽtɨ]

abatanado
café largo
café com cheirinho
carajillo
café com gelo
café con hielo
leite quente
leche caliente
chocolate quente
chocolate caliente

Té

chá [ˈʃa]

1. o chá preto
[u ˈʃa ˈpretu]

el té negro

2. o chá verde
[u ˈʃa ˈverdɨ]

el té verde

3. o chá de camomila
[u ˈʃa kɐmuˈmilɐ]

la infusión de manzanilla

4. o chá de tilia
[u ˈʃa ˈtiljɐ]

la infusión de tila

5. o chá de frutos vermelhos
[u ˈʃa dɨ ˈfrutuʒ virˈmɐʎuʃ]

el té de frutos rojos

6. o chá preto com leite
[u ˈʃa ˈpretu kõ ˈlɐjtɨ]

el té negro con leche

Disculpe, queria pedir a comida, por favor.

[diʃˈkuɫpɨ kɨriɐ piˈdir ɐ kuˈmidɐ pur fɛˈvor]

Disculpe, me gustaría pedir.

Qual é a especialidade desta região ?

[ˈkwaɫ ˈɛ ɐ iʃpisjɐliˈdadɨ ˈdeʃtɐ ʀiˈʒjẽw̃]

¿Cuál es la comida típica de esta región?

En el restaurante

No restaurante [nu ʀiʃtawˈʀẽtɨ]

---

o restaurante [u ʀiʃtawˈʀẽtɨ] el restaurante

a lista [ɐ ˈliʃtɐ] la carta

a entrada [ɐ ẽˈtradɐ] el entrante

o prato principal [u ˈpratu pʀĩsiˈpał] el plato principal

a sobremesa [ɐ sobɾiˈmezɐ] el postre

Tem uma mesa para duas pessoas?
[tẽj ˈumɐ ˈmezɐ ˈpɐɾɐ ˈduɐʃ piˈsoɐʃ]

¿Tiene una mesa para dos personas?

Qual é o menu do dia?
[ˈkwał ˈɛ u miˈnu du ˈdiɐ]

¿Tienen menú del día?

O que recomendaria?
[u kɨ ʀikumẽˈdariɐ]

¿Qué me recomienda?

Eu gostaria…
[ˈew guʃˈtariɐ]

Querría...

1. o garfo pequeno [uˈgarfu piˈkenu]
   el tenedor de entrante

2. o garfo de jantar [u ˈgarfu di ʒẽˈtar]
   el tenedor

3. a faca de jantar [ɐ ˈfakɐ di ʒẽˈtar]
   el cuchillo

4. a faca pequena [ɐ ˈfakɐ piˈkenɐ]
   el cuchillo de entrante

5. a colher de sopa [ɐ kuˈʎɛr di ˈsopɐ]
   la cuchara sopera

6. a faca de manteiga [ɐ ˈfakɐ di mẽˈtɐjgɐ]
   das Buttermesser

7. o garfo de sobremesa [u ˈgarfu di sobriˈmezɐ]
   el tenedor de postre

8. a colher de sobremesa [ɐ kuˈʎɛr di sobriˈmezɐ]
   la cucharilla

9. o prato de pão [u ˈpratu di ˈpẽw̃]
   el plato del pan

10. o prato principal [u ˈpratu prĩsiˈpał]
    el plato

11. o copo de água [u ˈkɔpu d‿ˈagwɐ]
    el vaso de agua

12. o copo de vinho tinto [u ˈkɔpu di ˈviɲu ˈtĩtu]
    la copa de vino tinto

13. o copo de vinho branco [u ˈkɔpu di ˈviɲu ˈbrẽku]
    la copa de vino blanco

A mesa puesta

Configuração formal de mesa

[kõfiguɾɐˈsẽw̃ furˈmał di ˈmezɐ]

a pimenta
[ɐ piˈmẽtɐ]
la pimienta

o sal
[u ˈsał]
la sal

los condimentos

Temperos [tẽˈperuʃ]

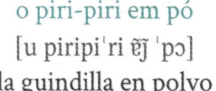

o piri-piri em pó
[u piripiˈri ẽj̃ ˈpɔ]
la guindilla en polvo

o pesto
[u ˈpɛʃtɔ]
el pesto

o pó de caril
[u ˈpɔ dɨ kɐˈrił]
el curri

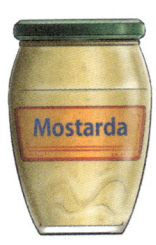  

a mostarda
[ɐ muʃˈtardɐ]
la mostaza

o ketchup
[u kɛˈtʃɐp]
la salsa de tomate

a maionese
[ɐ majɔˈnɛzɨ]
la mayonesa

o açúcar
[u ɐˈsukɐr]
el azúcar

o adoçante
[u ɐduˈsẽtɨ]
el edulcorante

o colorau
[ɐ kuluˈraw]
el pimentón

o parmesão
[u pɐrmiˈzẽw̃]
el queso parmesano

o molho de soja
[u ˈmoʎu dɨ ˈsɔʒɐ]
la salsa de soja

a refeição	[ɐ ʀife̯ˈsẽw̃]	la hora de comer
o pequeno-almoço	[u pɨˈken‿aɫˈmosu]	el desayuno
o almoço	[u aɫˈmosu]	la comida del mediodía
o jantar	[u ʒẽˈtar]	la cena

Bom apetite

[ˈbõ ɐpɨˈtitɨ]

¡Buen provecho!

Traga-me a conta, por favor.

[trɐˈgẽ mɨ ɐ ˈkõtɐ pur fɐˈvor]

La cuenta, por favor.

A comida estava muito boa!   La comida estaba muy buena.
[ɐ kuˈmidɐ iʃˈtavɐ ˈmũjtu ˈboɐ]

Delicioso!   ¡Delicioso!
[dɨliˈsjozu]

Fica assim.   Así está bien.
[ˈfik‿aˈsĩ]

a gorjeta   la propina
[ɐ gurˈʒetɐ]

o doce de morango
[u ˈdosi dɨ muˈrẽgu]
la mermelada de fresa

o mel
[u ˈmɛɫ]
la miel

a manteiga
[ɐ mẽˈtɐjgɐ]
la mantequilla

a geleia de laranja
[ɐ ʒiˈlɐjɐ dɨ lɐˈrẽʒɐ]
la mermelada de naranja

a sanduíche
[ɐ sẽˈdwiʃɨ]
el sándwich

o sumo de laranja
[u ˈsumu dɨ lɐˈrẽʒɐ]
el zumo de naranja

El desayuno

O pequeno-almoço [u piˈken‿aɫˈmosu]

os cereais
[uʃ siˈrjaiʃ]
los cereales

o ovo estrelado
[u ˈovu iʃtriˈladu]
el huevo frito

a torrada com manteiga
[ɐ tuˈʀadɐ kõ mẽˈtɐjgɐ]
la tostada con mantequilla

o ovo cozido
[u ˈovu kuˈzidu]
el huevo cocido

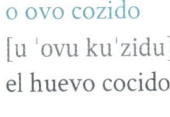

o iogurte
[u jɔˈgurti]
el yogur

El plato principal

O prato principal [u ˈpratu prĩsiˈpał]

açorda
[ɐˈsordɐ]
sopa de pan

feijoada
[fɐjˈʒwadɐ]
cocido de judías,
cerdo y ternera

sopa da pedra
[ˈsopɐ dɐ ˈpɛdrɐ]
sopa con panceta de cerdo
y verduras

arroz de tamboril
[ɐˈʁoʃ di tɐ̃buˈrił]
arroz con marisco

bacalhau à Bras
[bɐkɐˈʎaw a ˈbraʃ]
bacalao con patatas y huevo

cozido à portuguesa
[kuˈzidu a purtuˈgezɐ]
cocido con carnes variadas
y verduras

sardinhas grelhadas
[sɐrˈdiɲɐʃ griˈʎadɐʃ]
sardinas a la brasa

arroz de pato
[ɐˈʀoʃ dɨ ˈpatu]
arroz con pato

espada com banana
[iʃˈpadɐ kõ bɐˈnɐnɐ]
pez sable con plátano asado

alheira
[ɐˈʎɐjrɐ]
salchicha con ajo

frango assado
[ˈfrɐ̃gu ɐˈsadu]
pollo asado

migas à alentejana
[ˈmigɐʃ a ɐlẽtiˈʒɐnɐ]
migas con carne de cerdo

salgadinhos
[saɫgɐˈdiɲuʃ]
aperitivos fritos

salmão grelhado
[saɫˈmɐ̃w̃ griˈʎadu]
salmón a la parrilla

Postres

Sobremesa [sobriˈmezɐ]

---

1. arroz doce [ɐˈʀoʒ ˈdosɨ]

2. bola de Berlim [ˈbɔlɐ dɨ bɨrˈlĩ]

3. baba de camelo [ˈbabɐ dɨ kɐˈmelu]

4. bolo de bolacha [ˈbolu dɨ buˈlaʃɐ]

5. queijada Pereira [kɐjˈʒadɐ pɨˈrejrɐ]

6. molotov [ˈmɔlotuv]

7. natas do céu [ˈnatɐʒ du ˈsɛw]

8. pasteis de nata [pɐʃˈtɐjʒ dɨ ˈnatɐ]

9. pudim de ovos [puˈdĩ dɨ ˈovuʃ]

10. torta de laranja [ˈtɔrtɐ dɨ lɐˈrɐ̃ʒɐ]

11. leite creme [ˈlɐjtɨ ˈkrɛmɨ]

12. fios de ovos [ˈfiuʒ dɨ ˈovuʃ]

Hacer la compra

Lugares para comprar [luˈgariʃ pɐrɐ kõˈprar]

El Corte Inglés®
Continente®
Cascais Villa®
Continente®
Pingo Doce®
Casa Frazão®
Ikea®
Oeiras parque®
Centro Vasco da Gama®

o centro comercial

[u ˈsẽtru kumirˈsjał]

el centro comercial

a loja

[ɐ ˈlɔʒɐ]

la tienda

o supermercado

[u supɛrmirˈkadu]

el supermercado

o armazém (de comércio)

[u ɐrmɐˈzẽj dɨ kuˈmɛrsju]

los grandes almacenes

Caprichos

Tudo o que o seu coração deseja [ˈtudu ki u ˈsew kuɐˈsẽw diˈzɐʒɐ]

a perfumaria
[ɐ pɨrfumɐˈriɐ]

la perfumería

o salão de cabeleireiro
[u sɐˈlẽw dɨ kɐbɨlɐjˈrejru]

la peluquería

a ourivesaria
[ɐ oriviɨzɐˈriɐ]

la joyería

a florista
[ɐ fluˈriʃtɐ]

la floristería

a loja de roupa
[ɐ ˈlɔʒɐ dɨ ˈʀopɐ]

la tienda de moda

a sapataria
[ɐ sɐpɐtɐˈriɐ]

la zapatería

a loja de recordações
[ɐ ˈlɔʒɐ dɨ ʀɨkurdɐˈsõĩʃ]

la tienda de recuerdos

a loja de antiguidades
[ɐ ˈlɔʒɐ dɨ ẽtigwiˈdadɨʃ]

el anticuario

Queria...
[ki'riɐ]

Querría...

uma camisa.
['umɐ kɐ'mizɐ]

una camisa.

um par de calças.
[ũ 'par dɨ 'kaɫsɐʃ]

un pantalón.

um par de sapatos.
[ũ 'par dɨ sɐ'patuʃ]

unos zapatos.

um par de meias.
[ũ 'par dɨ 'mɐjɐʃ]

unos calcetines.

duas blusas.
['duɐʃ 'bluzɐʃ]

dos blusas.

três jaquetas.
['tre‿ʒɐ'ketɐʃ]

tres chaquetas.

quatro saias.
['kwatru 'sajɐʃ]

cuatro faldas.

cinco casacos.
['sĩku kɐ'zakuʃ]

cinco abrigos.

Quanto custa isso?
['kwẽtu 'kuʃtɐ 'isu]

¿Cuánto cuesta?

Custa ... euro.
['kuʃtɐ 'ewru]

Cuesta ... euros.

Isso é muito caro.
['isu 'ɛ 'mũĩtu 'karu]

Es muy caro.

Podia fazer-me um desconto?
[pu'diɐ fɐ'zermɨ ũ diʃ'kõtu]

¿Me podría hacer
un descuento?

Isso é muito barato.
['isu 'ɛ 'mũĩtu bɐ'ratu]

Es muy barato.

Mais nada, obrigado / obrigada.
['maiʃ 'nadɐ ɔbri'gadu / ɔbri'gadɐ]

Nada más, gracias.

O preço é razoável.
[u 'presu 'ɛ ʀɐ'zwavɛɫ]

El precio es razonable.

É muito curto / muito comprido.
['ɛ 'mũĩtu 'kurtu / 'mũĩtu kõ'pridu]

Es muy corto / muy largo.

Está muito apertado / muito largo.
[iʃ'ta 'mũĩtu ɐpir'tadu / 'mũĩtu 'largu]

Es muy estrecho / muy ancho.

Posso experimentar?

[ˈposu iʃpɨrimẽˈtar]

¿Puedo probármelo?

Onde fica o provador?

[ˈõdɨ fiˈka u pruvɐˈdor]

¿Dónde está el probador?

À venda
[a ˈvẽdɐ]
Oferta

A um preço reduzido
[ɐ ũ ˈpresu ʁiduˈzidu]
a precio reducido

Promoção
[prumuˈsẽw̃]
promoción

Desconto
[diʃˈkõtu]
descuento

Los colores

As cores [ɐʃ ˈkoriʃ]

o branco
[u ˈbrẽku]
blanco

o preto
[u ˈpretu]
negro

o cor-de-laranja
[u ˈkor di lɐˈrẽʒɐ]
naranja

o castanho
[u kɐʃˈtɐɲu]
marrón

o cinzento
[u sĩˈzẽtu]
gris

o azul claro
[u ɐˈzuɫ ˈklaru]
azul claro

claro
[ˈklaru]
claro

escuro
[iʃˈkuru]
oscuro

o vermelho
[u virˈmɐʎu]
rojo

o cor-de-rosa
[u ˈkor dɨ ˈrɔzɐ]
rosa

o amarelo
[u ɐmɐˈrɛlu]
amarillo

o verde
[u ˈverdɨ]
verde

o azul escuro
[u ɐˈzuɫ iʃˈkuru]
azul marino

o roxo
[u ˈroʃu]
lila

Los números

Os números [uʃ ˈnuməruʃ]

0	zero	[ˈzɛru]
1	um	[ũ]
2	dois	[ˈdojʃ]
3	três	[ˈtreʃ]
4	quatro	[ˈkwatru]
5	cinco	[ˈsĩku]
6	seis	[ˈsejʃ]
7	sete	[ˈsɛti]
8	oito	[ˈojtu]
9	nove	[ˈnɔvɨ]
10	dez	[ˈdɛʃ]
11	onze	[ˈõzɨ]
12	doze	[ˈdozɨ]
13	treze	[ˈtrezɨ]
14	catorze	[kɐˈtorʒɨ]
15	quinze	[ˈkĩzɨ]
16	dezasseis	[dɨzɐˈsejʃ]
17	dezassete	[dɨzɐˈsɛtɨ]
18	dezoito	[dɨˈzojtu]
19	dezanove	[dɨzɐˈnɔvɨ]
20	vinte	[ˈvĩtɨ]
21	vinte e um	[ˈvĩt‿i ũ]
22	vinte e dois	[ˈvĩt‿i ˈdojʃ]
23	vinte e três	[ˈvĩt‿i ˈtreʃ]
24	vinte e quatro	[ˈvĩt‿i ˈkwatru]
25	vinte e cinco	[ˈvĩt‿i ˈsĩku]
26	vinte e seis	[ˈvĩt‿i ˈsɐjʃ]

27	vinte e sete	[ˈvĩt̯iˈsɛti]
28	vinte e oito	[ˈvĩt̯i ˈojtu]
29	vinte e nove	[ˈvĩt̯i ˈnɔvi]
30	trinta	[ˈtrĩtɐ]
40	quarenta	[kwɐˈrẽtɐ]
50	cinquenta	[sĩˈkwẽtɐ]
60	sessenta	[siˈsẽtɐ]
70	setenta	[siˈtẽtɐ]
80	oitenta	[ojˈtẽtɐ]
90	noventa	[nuˈvẽtɐ]
100	cem	[ˈsẽj]
101	cento e um	[ˈsẽtwi ˈũ]
102	cento e dois	[ˈsẽtu i ˈdojʃ]
200	duzentos	[duˈzẽtuʃ]
300	trezentos	[triˈzẽtuʃ]
400	quatrocentos	[kwatruˈsẽtuʃ]
500	quinhentos	[kiˈɲẽtuʃ]
600	seiscentos	[sɐjʃˈsẽtuʃ]
700	setecentos	[sɛtiˈsẽtuʃ]
800	oitocentos	[ojtuˈsẽtuʃ]
900	novecentos	[nɔviˈsẽtuʃ]
1000	mil	[ˈmił]
10 000	dez mil	[dɛʒ ˈmił]
100 000	cem mil	[ˈsẽj mił]
1 000 000	um milhão	[ũ miˈʎɐ̃w̃]

1

o primeiro / a primeira

[u priˈmɐjru / ɐ priˈmɐjrɐ]

el primero / la primera

2

o segundo / a segunda

[u siˈgũdu / ɐ siˈgũdɐ]

el segundo / la segunda

3

o terceiro / a terceira

[u tirˈsɐjru / ɐ tirˈsɐjrɐ]

el tercero / la tercera

o quarto / a quarta	[uˈkwartu / ɐ ˈkwartɐ]	el cuarto / la cuarta
o quinto / a quinta	[uˈkĩtu / ɐ ˈkĩtɐ]	el quinto / la quinta
o sexto / a sexta	[uˈsɐjʃtu / ɐ ˈsɐjʃtɐ]	el sexto / la sexta
o sétimo / a sétima	[uˈsɛtimu / ɐ ˈsɛtimɐ]	el séptimo / la séptima
o oitavo / a oitava	[u ojˈtavu / ɐ ojˈtavɐ]	el octavo / la octava
o nono / a nona	[uˈnonu / ɐ ˈnonɐ]	el noveno / la novena
o décimo / a décima	[uˈdɛsimu / ɐ ˈdɛsimɐ]	el décimo / la décima

Entonces, ¿cuando?

Quando então? [ˈkwẽdu ẽˈtẽw̃]

ontem
[ˈõtẽj]
ayer

ontem à noite
[ˈõtẽj a ˈnojti]
ayer por la noche

anteontem
[ẽˈtjõtẽj]
antes de ayer

semana passada
[siˈmɐnɐ pɐˈsadɐ]
la semana pasada

ano passado
[ˈɐnu pɐˈsadu]
el año pasado

hoje
[ˈoʒi]
hoy

amanhã
[amɐˈɲɐ̃]
mañana

depois de amanhã
[diˈpojʒ d̺ amɐˈɲɐ̃]
pasado mañana

próxima semana
[ˈprɔsimɐ siˈmɐnɐ]
la semana que viene

próximo ano
[ˈprɔsimu ˈɐnu]
el año que viene

Las horas del día

Tudo sobre o tempo [ˈtudu ˈsobɾi u ˈtẽpu]

o tempo [u ˈtẽpu]	el tiempo
o relógio [u ʁiˈlɔʒju]	el reloj
o segundo [u siˈgũdu]	el segundo
os segundos [uʃ siˈgũduʃ]	los segundos
o minuto [u miˈnutu]	el minuto
os minutos [uʒ miˈnutuʃ]	los minutos
um quarto de hora [ũ ˈkwartu d‿ˈɔɐ]	un cuarto de hora
a meia hora [ɐ ˈmɐjɐ ˈɔɐ]	la media hora
a hora [ɐ ˈɔɐ]	la hora
as horas [ɐz ˈɔɐʃ]	las horas

a manhã

[ɐ mɐˈɲɐ̃]

la mañana

o meio-dia

[u ˈmɐju ˈdiɐ]

el mediodía

a tarde

[ɐ ˈtardi]

la tarde

a noite

[ɐ ˈnojti]

la noche

a meia-noite

[ɐ ˈmɐjɐ ˈnojti]

medianoche

cedo
[ˈsedu]
temprano

tarde
[ˈtardi]
tarde

Que horas são?

[ki ˈɔɾɐʃ ˈsẽw̃]

¿Qué hora es?

7:10 hrs.
São sete horas e dez minutos.
[ˈsẽw̃ ˈsɛtɨ ˈɔɾɐz i ˈdɛʒ miˈnutuʃ]
Son las siete y diez.

É uma hora.

[ˈɛ ˈumɐ ˈɔɾɐ]

Es la una.

7:15 hrs.

São sete horas e um quarto.

[ˈsẽw̃ ˈsɛtɨ ˈɔɾɐz i ũ ˈkwaɾtu]

Son las siete y cuarto.

8:00 hrs.

São oito horas.

[ˈsẽw̃ ˈojtu ˈɔɾɐʃ]

Son las ocho.

9:50 hrs.

São dez minutos para as dez.

[ˈsẽw̃ ˈdɛʒ miˈnutuʃ ˈpɐɾɐ ɐʒ ˈdɛʃ]

Son las diez menos diez.

10:00 hrs.

São dez horas.

[ˈsẽw̃ ˈdɛz ˈɔɾɐʃ]

Son las diez.

10:10 hrs.

São dez horas e dez minutos.

[ˈsẽw̃ ˈdɛz ˈɔɾɐz i ˈdɛʒ miˈnutuʃ]

Son las diez y diez.

10:30 hrs.

São dez horas e meia.

[ˈsẽw̃ ˈdɛz ˈɔɾɐz i ˈmɐjɐ]

Son las diez y media.

12:00 hrs.
É meio-dia.
[ˈɛ ˈmɐju ˈdiɐ]
Es mediodía.

19:55 hrs.
São cinco minutos para as oito da noite.
[ˈsẽw̃ ˈsĩku miˈnutuʃ ˈpɐrɐ ɐz ˈojtu dɐ ˈnojtɨ]
Son las ocho menos cinco de la tarde.

22:00 hrs.
São dez da noite.
[ˈsẽw̃ ˈdɛz dɐ ˈnojtɨ]
Son las diez de la noche.

00:00 hrs.
É meia-noite.
[ˈɛ ˈmɐjɐ ˈnojtɨ]
Es medianoche.

Los días de la semana

Os dias de semana

[uʃ ˈdiɐʒ dɐ siˈmɐnɐ]

segunda-feira
[siˈɡũdɐ ˈfejrɐ]
lunes

terça-feira
[ˈtersɐ ˈfejrɐ]
martes

quarta-feira
[ˈkwartɐ ˈfejrɐ]
miércoles

dia de trabalho
[ˈdiɐ di trɐˈbaʎu]

día laborable

final de semana
[fiˈnał di siˈmɐnɐ]

fin de semana

feriado
[fiˈrjadu]

día festivo

dia de descanso
[ˈdiɐ di diʃˈkɐ̃su]

día de descanso

quinta-feira
['kĩtɐ 'fɐjrɐ]
jueves

sexta-feira
['sɐjʃtɐ 'fɐjrɐ]
viernes

sábado
['sabɐdu]
sábado

domingo
[du'mĩgu]
domingo

Que dia é hoje?
[kɨ 'diɐ 'ɛ 'oʒi]

¿Qué día de la semana es hoy?

É segunda-feira.
['ɛ sɨ'gũdɐ 'fɐjrɐ]

Hoy es lunes.

Qual é a data de hoje?
['kwał 'ɛ ɐ 'datɐ dɨ 'oʒi]

¿A qué fecha estamos?

É o dia 10 de janeiro.
['ɛ u 'diɐ 'dɛʒ dɨ ʒɐ'nɐjru]

Hoy es 10 de enero.

Hoje é feriado?
['oʒi 'ɛ fɨ'rjadu]

¿Hoy es festivo?

1
janeiro
[ʒɐˈnɐjru]
enero

2
fevereiro
[fiviˈrɐjru]
febrero

5
maio
[ˈmaju]
mayo

6
junho
[ˈʒuɲu]
junio

9
setembro
[siˈtẽbru]
septiembre

10
outubro
[oˈtubru]
octubre

Los doce meses del año

Os doze meses do ano [uʒ ˈdozɨ ˈmeʃɨʒ du ˈɐnu]

3
março
[ˈmarsu]

marzo

4
abril
[ɐˈbriɫ]

abril

7
julho
[ˈʒuʎu]

julio

8
agosto
[ɐˈgoʃtu]

agosto

11
novembro
[nuˈvẽbru]

noviembre

12
dezembro
[dɨˈzẽbru]

diciembre

El tiempo y las estaciones

O tempo e as estações [u ˈtẽpu i ɐz iʃtɐˈsõjʃ]

a primavera

[ɐ primɐˈvɛɾɐ]

la primavera

o verão

[u viˈrẽw̃]

el verano

o outono

[u oˈtonu]

el otoño

o inverno

[u ĩˈvɛrnu]

el invierno

Como está o tempo hoje?
['komu iʃ'ta u 'tẽpu 'oʒɨ]

¿Qué tiempo hace hoy?

O tempo está bom hoje.
[u 'tẽpu iʃ'ta 'bõ 'oʒɨ]

Hoy hace buen tiempo.

Está sol.
[iʃ'ta 'sɔɫ]

Hace sol.

O tempo está ruim hoje.
[u 'tẽpu iʃ'ta ʀu'ĩ 'oʒɨ]

Hoy hace mal tiempo.

Está quente.
[iʃ'ta 'kẽtɨ]

Hace calor.

Está muito quente.
[iʃ'ta 'mũĵtu 'kẽtɨ]

Hace mucho calor.

Estou fervendo.
[iʃto fɨr'vẽdu]

Tengo mucho calor.

Está muito frio.
[iʃ'ta 'mũĵtu 'friu]

Hace mucho frío.

Estou congelando.
[iʃto kõʒilẽ'du]

Tengo mucho frío.

Está vento.
[iʃ'ta 'vẽtu]

Hace viento.

Está nublado.
[iʃ'ta nu'bladu]

Hay niebla.

Está chuvoso.
[iʃ'ta ʃu'vozu]

Llueve.

Está chuviscando.
[iʃ'ta ʃuviʃ'kẽ'du]

Está lloviznando.

Está nevando.
[iʃ'ta nə'vẽ'du]

Está nevando.

a testa
[ɐ 'tɛʃtɐ] la frente

o olho
[u 'oʎu] el ojo

o nariz
[u nɐ'riʃ] la nariz

a boca
[ɐ 'bokɐ] la boca

os dentes
[uʒ 'dẽtiʃ] los dientes

a língua
[ɐ 'lĩgwɐ] la lengua

o queixo
[u 'kɐjʃu] la barbilla

o dedo
[u 'dedu]
el dedo

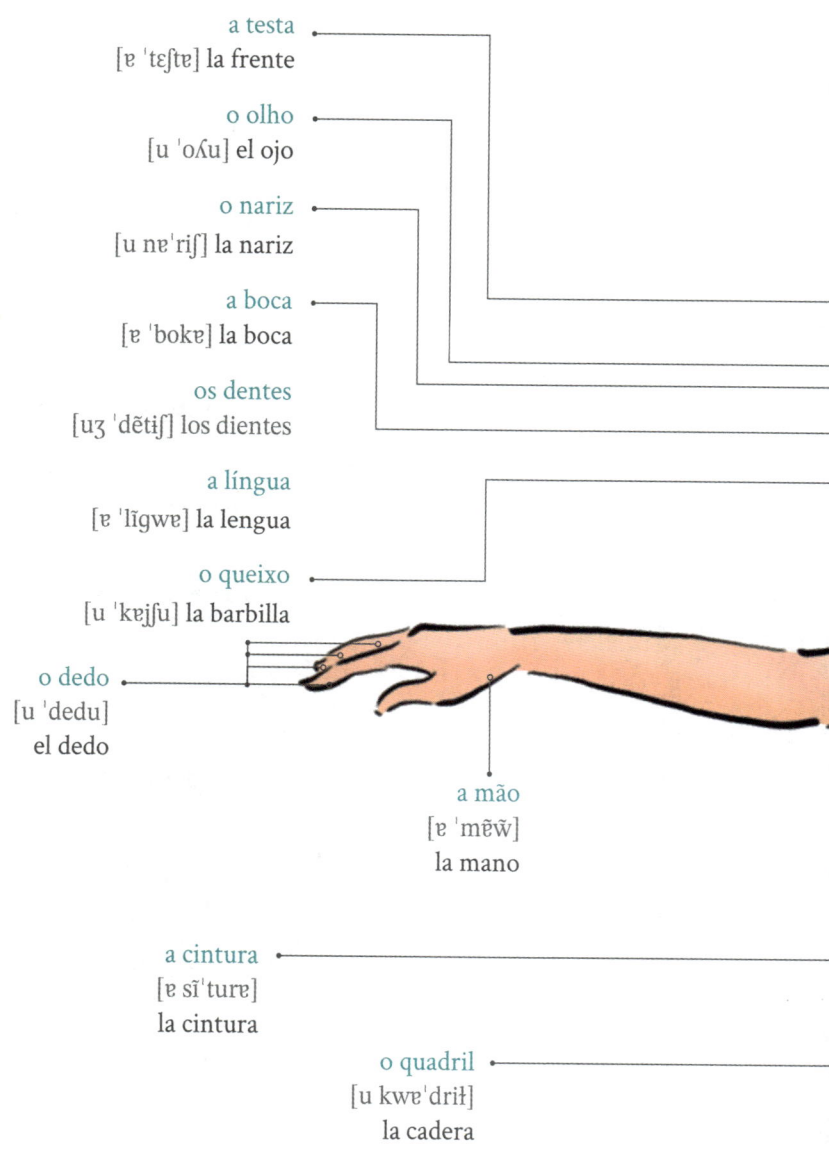

a mão
[ɐ 'mẽw̃]
la mano

a cintura
[ɐ sĩ'turɐ]
la cintura

o quadril
[u kwɐ'driɫ]
la cadera

Las partes del cuerpo

As partes do corpo [ɐʃ 'partiʒ du 'korpu]

a cabeça
[ɐ kɐˈbesɐ]
la cabeza

a cara
[ɐ ˈkarɐ]
la cara

a orelha
[ɐ oˈreʎɐ]
la oreja

a bochecha
[ɐ buˈʃeʃɐ]
la mejilla

o pescoço
[o piʃˈkosu]
el cuello

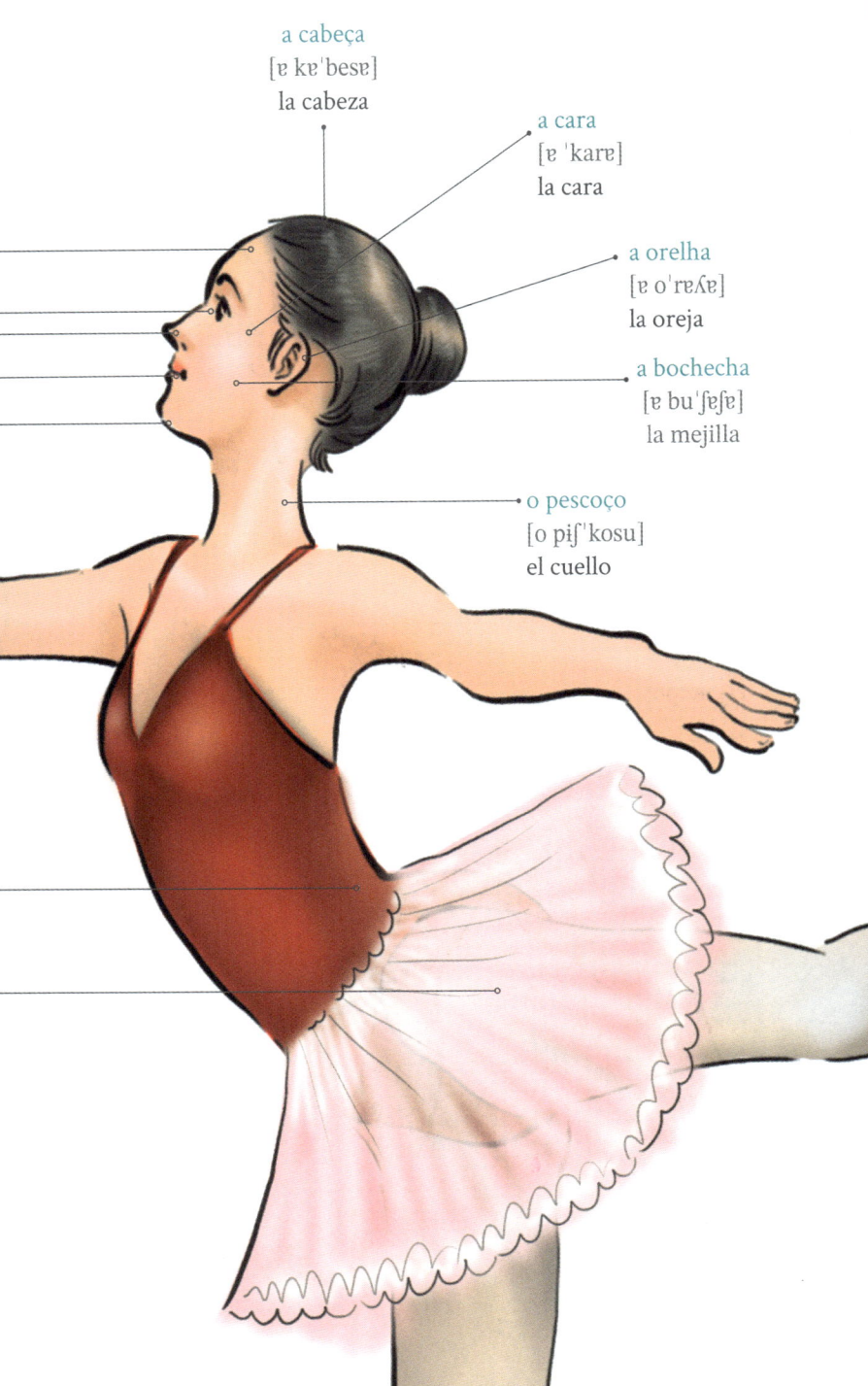

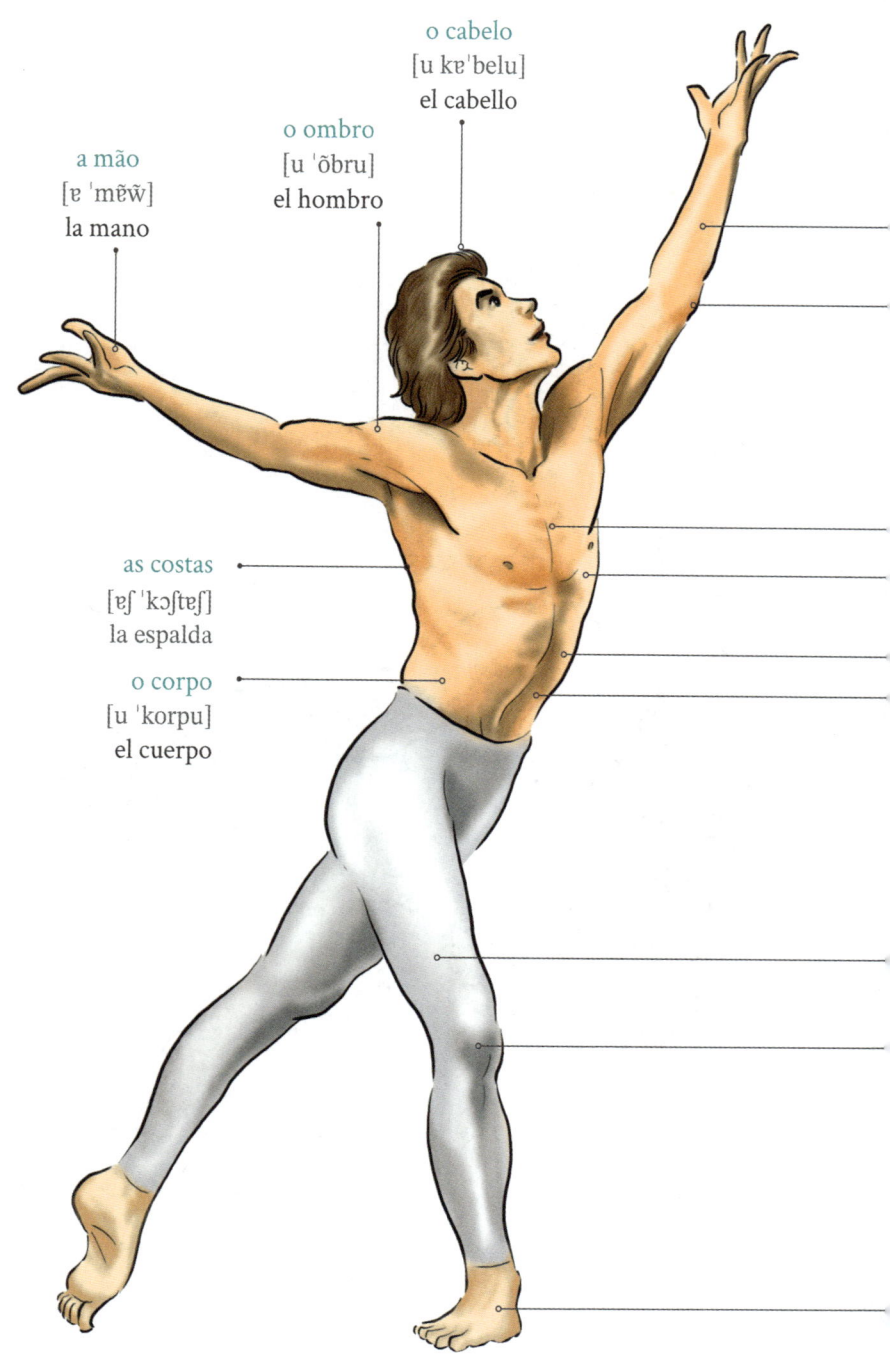

o cabelo
[u kɐˈbelu]
el cabello

o ombro
[u ˈõbru]
el hombro

a mão
[ɐ ˈmɐ̃w̃]
la mano

as costas
[ɐʃ ˈkɔʃtɐʃ]
la espalda

o corpo
[u ˈkorpu]
el cuerpo

o braço
[u 'brasu]
el brazo

o cotovelo
[u kutu'velu]
el codo

o peito
[u 'pɐjtu]
el pecho

o coração
[u kurɐ'sẽw̃]
el corazón

o estômago
[u iʃ'tomɐgu]
el estómago

a barriga
[ɐ bɐ'ʀigɐ]
la barriga

a perna
[ɐ 'pɛrnɐ]
la pierna

o joelho
[u 'ʒwɐʎu]
la rodilla

o pé
[u 'pɛ]
el pie

Actividades cotidianas

Atividades diárias [ativiˈdadiʒ ˈdjarjɐʃ]

acordar
[ɐkurˈdar]
despertarse

levantar-se
[livẽˈtarsɨ]
levantarse

escovar os dentes
[iʃkuˈvar uʒ ˈdẽtiʃ]
cepillarse los dientes

tomar um duche
[tuˈmar ũ ˈduʃɨ]
ducharse

tomar banho
[tuˈmar ˈbɐɲu]
bañarse

cozinhar
[kuziˈɲar]
cocinar

comer
[kuˈmer]
comer

beber
[biˈber]
beber

contemplar
[kõtẽˈplar]
mirar

escrever
[iʃkriˈver]
escribir

ler
[ˈler]
leer

esperar
[iʃpiˈrar]
esperar

encontrar
[ẽkõˈtrar]
quedar

dar
[ˈdar]
dar

dançar
[dẽˈsar]
bailar

estar satisfeito
[iʃˈtar sɐtiʃˈfɐjtu]
estar conforme

rir
[ˈʀir]
reír

chorar
[ʃuˈrar]
llorar

ir
[ˈir]
irse

telefonar
[tilifuˈnar]
hablar por teléfono

praticar desporto
[pretiˈkar diʃˈportu]
hacer deporte

pintar
[piˈtar]
pintar

observar
[ɔbsirˈvar]
observar

cantar
[kɐ̃ˈtar]
cantar

fotografar
[futugrɐˈfar]
fotografiar

divertir-se
[diviʀˈtirsɨ]
divertirse

vender
[vẽˈder]
vender

comprar
[kõˈprar]
comprar

trabalhar
[trɐbɐˈʎar]
trabajar

aprender
[ɐprẽˈder]
aprender

ensinar
[ẽsiˈnar]
enseñar

amar
[ɐˈmar]
amar

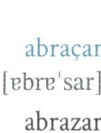

abraçar
[ɐbrɐˈsar]
abrazar

beijar
[bɐjˈʒar]
besar

casar-se
[kɐˈzarsɨ]
casarse

Cuando estás enfermo

Quando se sente doente [ˈkwẽdu sɨ ˈsẽtɨ ˈdwẽtɨ]

Não me sinto bem. [ˈnẽw̃ mɨ ˈsĩtu ˈbẽj̃]	No me encuentro bien.
Preciso de vomitar. [prɨˈsizu dɨ vumiˈtar]	Tengo que vomitar.
Sinto-me mal. [ˈsĩtumɨ ˈmał]	Tengo náuseas.
Dói-me aqui. [ˈdɔjm‿ɐˈki]	Me duele aquí.
Tenho febre. [ˈteɲũ ˈfɛbrɨ]	Tengo fiebre.
Dói-me a cabeça. [ˈdɔjm‿ɐ kɐˈbesɐ]	Me duele la cabeza.
Dói-me o estômago. [ˈdɔjm‿u iʃˈtomɐgu]	Me duele el estómago.

Dói-me a garganta. [ˈdɔjm‿ɐ gɐrˈgẽtɐ]	Me duele la garganta.
Tenho dor nas costas. [ˈtɐɲũ ˈdor nɐʃ ˈkɔʃtɐʃ]	Me duele la espalda.
Tenho dor de dentes. [ˈtɐɲu ˈdor dɨ ˈdẽtiʃ]	Me duelen las muelas.
Tenho constipação. [ˈtɐɲu kõʃtipɐˈsẽw]	Tengo estreñimiento.
Tenho diarreia. [ˈtɐɲu djɐˈʀejɐ]	Tengo diarrea.
Tenho uma alergia. [ˈtɐɲu umɐ ɐlirˈʒiɐ]	Tengo una alergia.
Tenho comichão. [ˈtɐɲũ kumiˈʃẽw]	Me pica.

A farmácia
[ɐ fɐrˈmasjɐ] la farmacia

o hospital
[u ɔʃpiˈtaɫ] el hospital

o remédio
[u ʁiˈmɛdju] el medicamento

o médico / a médica
[u ˈmɛdiku ɐˈmɛdikɐ] el médico / la médica

dentista
[dẽˈtiʃtɐ] dentista

oftalmologista
[ɔftaɫmuluˈʒiʃtɐ] el oftalmólogo / la oftalmóloga

o enfermeiro / a enfermeira
[u ẽfɨrˈmɐjru / ɐ ẽfɨrˈmɐjrɐ] el enfermero / la enfermera

a ambulância
[ɐ ẽbuˈlẽsjɐ] la ambulancia

Saúde!

[sɐˈudɪ]

¡Salud!

Urgencias

Emergências
[imɨrˈʒẽsjɐʃ]

Onde é a casa de banho?

[ˈõdɨ ˈɛ ɐ ˈkazɐ dɨ ˈbɐɲu]

¿Dónde está el baño?

Preciso de ir à casa de banho.

[priˈzisu d‿ˈir a ˈkazɐ dɨ ˈbɐɲu]

Tengo que ir al baño.

Há uma casa de banho pública aqui perto?

['a 'umɐ 'kazɐ di 'bɐɲu 'publikɐ ɐ'ki 'pɛrtu]

¿Hay un baño público por aquí?

Preciso de ir ao hospital.

[pri'sizu d‿'ir aw ɔʃpi'taɫ]

Tengo que ir al hospital.

Ligue para a polícia, por favor!

[ˈligi pɐɾɐ ɐ puˈlisjɐ puɾ feˈvoɾ]

¡Llamen a la policía!

Socorro!

[suˈkoɾu]

¡Ayuda!

¿Qué nos dicen las señales?

O que dizem esses sinais? [u kɨ ˈdizẽj esiʃ ˈsinajʃ]

AVISO

[ɐˈvizu]

PRECAUCIÓN

ATENÇÃO ENTRADA PROIBIDA

[ɐtẽˈsẽw̃ ẽˈtradɐ pruiˈbidɐ]

PRECAUCIÓN. PROHIBIDA
LA ENTRADA

ÁREA RESTRITA

[ˈarjɐ ʀɨʃˈtritu]

ÁREA RESTRINGIDA

PERIGO DA MORTE

[pɨˈrigu dɨ ˈmɔrti]

PELIGRO DE MUERTE

SAÍDA DE INCÊNDIO

[sɐˈidɐ d‿ĩˈsẽdju]

SALIDA DE INCENDIO

SAÍDA DE EMERGÊNCIA

[sɐˈidɐ d‿imirˈʒẽsjɐ]

SALIDA DE EMERGENCIA

AVISO
SOMENTE PESSOAL AUTORIZADO

[ɐˈvizu sɔˈmẽtɨ piˈswał awturiˈzadu]

SOLO PERSONAL AUTORIZADO

SENTIDO ÚNICO

[sẽˈtidu ˈuniku]

SENTIDO ÚNICO

PROIBIDO ESTACIONAR

[pruiˈbidu iʃtɐsjuˈnar]

PROHIBIDO APARCAR

PASSADEIRA

[pɐsɐˈdɐjrɐ]

PASO DE PEATONES

CUIDADO CÃO BRAVO

[kujˈdadu ˈkẽw̃ ˈbravu]

CUIDADO CON EL PERRO

ESCOLA

[iʃˈkɔlɐ]

ATENCIÓN, COLEGIO

ESTACIONAMENTO RESERVADO
APENAS PARA RESIDENTES
[iʃtɐsjunɐˈmẽtu ʀizirˈvadu ɐˈpenɐʃ
ˈpɐʀɐ ʀiziˈdẽtiʃ]

APARCAMIENTO RESERVADO
PARA RESIDENTES

CINEMA
[siˈnemɐ]

CINE

NÃO PERTURBE
[ˈnẽw̃ pirturˈbɨ]

NO MOLESTAR

PROIBIDO FUMAR
[pruiˈbidu fuˈmar]

PROHIBIDO FUMAR

MULHERES
[muˈʎɛɾiʃ]

MUJERES

HOMENS
[ˈɔmẽjʃ]

HOMBRES

ABERTO

[ɐˈbɛrtu]

ABIERTO

FECHADO

[fiˈʃadu]

CERRADO

EMPURRAR

[ẽpuˈʀar]

EMPUJAR

PUXAR

[puˈʃar]

TIRAR

SELF-SERVICE

[sɛlfˈservisi]

AUTOSERVICIO

RESERVADO

[ʀizirˈvadu]

RESERVADO

Expresiones malsonantes

Este es un capítulo un poco peculiar: trata sobre las expresiones malsonantes que proferimos en momentos de enfado o fastidio.

Puede que te sorprenda encontrar este tema en un libro dedicado al primer contacto con una lengua extranjera, ya que en otros libros de idiomas no suele incluirse. Pero, aunque es peliagudo, creemos que es indispensable, porque conocer cómo se usan las expresiones malsonantes puede ahorrarte verte en medio de situaciones no deseadas.

Evidentemente, las palabrotas existen en todo el mundo, no solo en Portugal. Es una forma de comunicación que interiorizamos desde niños, pero debemos aprender a lidiar con ella. A veces las decimos de una forma tan automática que ni siquiera reparamos en ello. Y en algunas ocasiones, cuando nos damos cuenta de que las hemos dicho, ya no hay vuelta atrás.

Estas expresiones malsonantes tienen la función de calmarnos cuando sentimos emociones intensas de rabia, decepción, susto, asombro o alegría, entre otras. Y pueden ser más o menos graves, dependiendo de la palabra, del énfasis o de la situación en la que se pronuncian. Unas veces son un simple murmullo para nosotros mismos que nos sirve para desahogarnos. Otras veces, en cambio, puede tratarse de un insulto fuerte e hiriente hacia otra persona, lo que en portugués llaman *palavrão*.

Al escuchar hablar a los portugueses, oirás a menudo expresiones malsonantes. Probablemente no son demasiado conscientes de que las usan con tanta frecuencia. Pero no se trata de un rasgo exclusivo del portugués, claro: ya hemos apuntado que estas expresiones existen en todas las lenguas, que las emplean de modo parecido en la vida cotidiana.

Así pues, no tenemos la intención de denigrar esta lengua asociándola a este tipo de expresiones, sino que pretendemos enseñarte a no meter la pata con ellas. Si las escuchas e intentas copiarlas al hablar, es muy probable que no des con el grado exacto de énfasis, que no las utilices en el momento adecuado o que no se correspondan con la relación que tienes con la persona con quien hablas.

En resumen, no debes obviarlas, pero tampoco repetirlas como un loro. Como extranjero, debes conocerlas bien, pero usarlas con sumo cuidado y solo cuando tengas la certeza absoluta de que son pertinentes. Saber manejarte con estas expresiones te ahorrará situaciones embarazosas. Esta es una de las virtudes de este libro.

¡Vamos allá!

La primera palabra de la que te hablaremos es *merda*. Esta palabra se refiere al resultado final del proceso digestivo. Podríamos dar su traducción al español, pero no hace falta, ¿verdad? Todo el mundo conoce el uso de esta palabra, que tiene equivalentes en todos los idiomas, así que no hace falta entrar en más detalles. Cuando la oigas, ya sabes por dónde van los tiros.

A continuación, hablaremos de dos palabras con significados parecidos y que suelen usarse en los mismos contextos: *idiota* y *estúpido* (o *estúpida*). Igual que en español, se utilizan para llamar boba a otra persona. Sigue en la misma línea la palabra *burro* (o *burra*), también usada en nuestro idioma. Como de estos animales se dice que son tontos, llamar así a una persona significa considerarla poco inteligente.

Si los portugueses leyeran las palabras que describiremos a continuación, les resultarían demasiado ofensivas. Por lo tanto, utilizaremos un sencillo código para nombrarlas. No escribiremos las palabras tal cual, sino que tendrás que llegar a ellas a partir de las iniciales de los nombres que aparecen en el alfabeto internacional para deletrear textos. Por eso, no te extrañes si encuentras términos en inglés.

La primera palabra a la que nos referiremos es *Foxtrot, Oscar, Delta, Alfa, Sierra, Echo*. Se trata de una palabrota que alude al acto sexual y que se usa para manifestar un fuerte disgusto.

Para ofender fuertemente a alguien es habitual compararle con la parte final del tubo digestivo, es decir, usar la expresión que forman las iniciales de:

Oscar, Lima, Hotel, Oscar
Delta, Oscar
Charlie, Uniform.

En portugués, para insultar a una mujer se suele usar el término *Papa*, *Uniform*, *Tango*, *Alfa*, que es un modo despectivo de referirse a una prostituta, aunque en el contexto del insulto no se tiene en mente este sentido de forma literal.

Por otro lado, para herir a un hombre se utiliza la expresión siguiente:

Foxtrot, India, Lima, Hotel, Oscar
Delta, Alfa
Papa, Uniform, Tango, Alfa.

Literalmente, se refiere al hijo de una prostituta. Como en el caso anterior, al decirla no se pretende hacer esta correspondencia, sino que sirve para ofender de forma grave a la otra persona.

A continuación, vamos a descender a un nivel todavía más bajo de las expresiones malsonantes en portugués. Pero reiteramos que nuestra intención no es convertirte en un experto en palabrotas, sino todo lo contrario: protegerte del lenguaje más vulgar y ofensivo.

Las dos últimas expresiones que abordaremos aluden al esfínter situado al final del tubo digestivo humano. La primera, siguiendo el código, es:

Victor, Alpha, India
Alfa, Papa, Alfa, November, Hotel, Alfa, Romeo
November, Oscar
Charlie, Uniform.

Y la segunda:

Victor, Alpha, India
Tango, Oscar, Mike, Alfa, Romeo
November, Oscar
Charlie, Uniform.

No hace falta entrar en detalles de lo que ambas significan literalmente. En cualquier caso, alguien que las dice expresa un profundo rechazo y un desprecio absoluto por la otra persona.

No nos ha resultado fácil presentarte este tema tan sensible, pero está claro que no podemos omitirlo si queremos darte la mayor confianza posible en tu primer contacto con el portugués.

Aunque podríamos seguir ahondando en estas cuestiones, lo más importante es tener estos conceptos claros para no meter la pata. No lo olvides: estas palabras o expresiones tienen gradaciones, expresan cosas distintas y podemos encontrarlas en todas las clases sociales.

Cuando escuches estas expresiones, debes cerciorarte de si el hablante está enfadado, descontento o furioso, o bien si charla en un tono alegre y despreocupado. Y te aconsejamos que intentes evitar las palabras y expresiones malsonantes que te hemos presentado en este capítulo.

Recuerda que estas expresiones pueden dejarte en mal lugar, meterte en un brete o incluso poner en peligro tu integridad física. Y, si no las usas adecuadamente, también podrías ofender muchísimo a otra persona sin querer.

Bravo!
['bravu]
¡Bravo!

Excelente!
[ɐjʃiˈlẽti]
¡Excelente!

Ótimo!
[ˈɔtimu]
¡Genial!

Perfeito!
[pirˈfɐjtu]
¡Perfecto!

Elogios

Elogios [ilu'ʒiuʃ]

Maravilhoso!
[mɐɾɐvi'ʎozu]

¡Maravilloso!

Magnífica!
[ma'gnifikɐ]

¡Magnífica!

Un toque de romanticismo

Romântico [ʁuˈmẽtiku]

Tu és tão lindo / linda.

[ˈtu ˈɛʃ tẽw̃ ˈlĩdu / ˈlĩdɐ] Eres tan guapo/a.

Tu tens olhos lindos.

[ˈtu ˈtẽj̃z ˈoʎuʃ ˈlĩduʃ] Qué bonitos ojos tienes.

Tu és único / única.

[ˈtu ˈɛz ˈuniku / ˈunikɐ] Eres único/a.

Gosto muito de ti.

[ˈgoʃtu ˈmũj̃tu dɨ ˈti] Me gustas mucho.

Amo-te.

[ˈamutɨ] Te quiero.

Amo-te muito.

[ˈamutɨ ˈmũj̃tu] Te quiero mucho.

Tu és tão bonita.

[ˈtu ˈɛʃ tẽw̃ buˈnitɐ]

¡Eres tan guapa!

Tu és esplêndida!

[ˈtu ˈɛz iʃˈplẽdidɐ]

Eres espectacular.

Amo-te.

['amuti]

Te quiero.

Tu queres casar comigo?

[ˈtu ˈkɛɾiʃ keˈzar kuˈmigu]

¿Quieres casarte conmigo?

Tu és maravilhosa.

[ˈtu ˈɛʒ mɐɾeviˈʎozɐ]

Eres maravillosa.

El país y su gente

País e gente [pɐˈiz i ˈʒẽti]

Para situar a Portugal, lo más fácil es mirar un mapa. Pero si quieres saber más sobre su gente, descubrir cómo piensan o qué les interesa, te recomendamos que conozcas algunos de sus refranes.

Muchos refranes nacen de las experiencias más cercanas y se han trans-
mitido de forma oral, a lo largo de los siglos, de padres a hijos. Por eso,
reflejan una forma de vivir y ver el mundo, unos sentimientos determi-
nados ante lo que nos rodea.

Estos son algunos refranes portugueses:

O amor com amor se paga.
[u ɐˈmor kõ ɐˈmor sɨ ˈpagɐ]
El amor con amor se paga.

Mais vale um passarinho na mão do que dois a voar.
[ˈmaiʒ ˈvalɨ ũ pɐsɐˈriɲu nɐ ˈmẽw̃ du kɨ ˈdoiz ɐ ˈvwar]
Más vale pájaro en mano que ciento volando.

O pior cego é aquele que não quer ver.
[u ˈpjɔr ˈsɛgu ɛ ɐˈkeli kɨ ˈnẽw̃ ˈkɛr ˈver]
No hay peor ciego que el que no quiere ver.

Águas passadas não movem moinho.
[ˈagwɐʃ pɐˈsadɐʒ ˈnẽw̃ ˈmovẽj ˈmwiɲu]
Agua pasada no mueve molino.

As paredes têm ouvidos.
[aʃ pɐˈrediʃ ˈtẽjẽj oˈviduʃ]
Las paredes oyen.

¡Ya tienes la preparación necesaria para tu primer contacto con el
portugués! Esperamos que te permita vivir experiencias maravillosas.

Disfruta al máximo de este idioma. Después de este primer paso, sen-
tirás la alegría de haber aprendido lo básico para hacerte entender en
portugués.

La fonética portuguesa

Símbolo fonético	Ejemplo	Se pronuncia más o menos como...
b	boca	boca
d	dedo	dedo
ʒ	gente	parecido a la ll argentina
f	face	fuente
g	amigo	amigo
j	polícia	como la i de hielo
k	corpo	casa
l	lindo	lindo
ł	mal	una l nasal
m	amanhã	mesa
n	nome	nombre
ɲ	junho	niño
ŋ	banco	banco (n nasal)
p	perna	pierna
R	carro, repetir	erre gutural (suena como hacer gárgaras)
r	hora	hora
s	setembro	septiembre
t	bonita	tarde
ʃ	gosto	como ¡shhh! (para hacer callar a alguien)
tʃ	tchau!	chal
v	você	como una f sonora
ʎ	brilhante	lluvia
z	doze	s sonora (como para imitar el vuelo de un mosquito)

Símbolo fonético	Ejemplo	Se pronuncia más o menos como...
a	água	agua
ɐ	Adeus!	parecido a una a
ɐ̃	dançar	a nasal
ɛ	breve	e más abierta que la española
e	cesto	esto
ẽ	central	e nasal
ɨ	dente	parecido a una i
i	hospital	circo
ĩ	quinta	i nasal
ɔ	escola	una o más abierta que la española
o	socorro	ola
õ	onde	o nasal
u	único	único
ũ	muito	u nasal
ˈ		Sílaba tónica
‿		Arrastrar la última letra de la palabra anterior a la palabra siguiente